彼得·梅爾
PETER MAYLE

再見，山居歲月

我在普羅旺斯美好的25年

韓良憶——譯

MY TWENTY-FIVE YEARS IN PROVENCE
REFLECTIONS ON THEN AND NOW

導讀——

永遠不老的山居歲月

作家／**鍾文音**

《山居歲月》（A Year in Provence）一九八九年出版，當年轟動武林，帶動旅居熱潮，「居遊」成了新的旅行方式，可說是「慢遊」的深入進階版。這本書一出版就受到許多人的喜愛，尤其是上班族閱讀時總羨慕得不得了，總想也要學學彼得．梅爾去普羅旺斯走一遭，在蔚藍海岸躺下來。

梅爾可說是「出走族」的老前輩，居遊者的嚮往座標，也幾乎是提到普羅旺斯的關鍵詞條，普羅旺斯已經成為梅爾最有「家」味道的異鄉，而梅爾也幾乎終生都在隱形代言著普羅旺斯。

他鄉日久是故里，梅爾與普羅旺斯就是最好最美的例子，二者難分難捨，幾乎是文青嚮往普羅旺斯的必備書。未料梅爾再出版這本書的續集時，他竟已山居二十五年，文青已老，普羅旺斯卻永不老。

《山居歲月》當年能夠成為發燒書，主要原因是梅爾可以說是上班族想要逃脫桎梏的縮影。梅爾原在紐約麥迪遜大道一帶從事廣告文案十五年，紐約的高壓生活與名利競逐，以及廣告界的浮華世故，讓當年的梅爾帶著妻子與狗因緣際會下來到了普羅旺斯，自此學講法語喝紅酒。更重要的是梅爾有絕佳的利器，那就是他的文筆。

梅爾的文字清晰簡潔，深具詼諧幽默與機智的特質，這使得他的旅居生活充滿各種生活細節的快樂，他的觀察又敏銳，總是打開心胸和當地人互動深刻，這使得梅爾的旅行散文帶著軟派的舒服，緩慢移動，快樂走動，每一件事都有其趣味，每一個旅地都有其豐饒。

於是梅爾帶動的不僅是旅居概念，更多是對生活的品味，對旅行的觀察，對語言的學習，對差異文化的追問，對品味的建構，對事情的好奇，對美食的深入，對美酒的酣暢，對陌生人的善意……梅爾的書寫，後來也成了很多旅行散文的競起仿效，尤其是許多時尚雜誌書的旅行專欄，文氣難脫梅氏腔調，可以說是梅爾的再複製，梅爾旅行散文的徒子徒孫。梅爾對於這類軟派旅行散文（美食美酒時尚品味生活）的影響甚深，幾乎影響了這二十幾年，至今未衰。就像張愛玲是當代一流愛情小說的始祖（末流愛情書寫者無法模仿），而梅爾也是當代軟性旅行散文的流行始祖。很多時尚書寫者或者是城市旅行書寫者，把梅爾的書當成入門，作為他鄉生活的學習，或是文氣的模仿學習對象。

我是在梅爾《山居歲月》這本書在台灣出版約莫十年後才踏上普羅旺斯（所以閱讀一本書就像埋下一粒嚮往的種子）。於今閱讀《再見，山居歲月》，梅爾竟是山居二十五年之後了，時光飛逝。他在這本作品裡自言《山居歲月》空前絕後的成功讓他上了上百上千次的媒體，他幽默地寫說有一次收到一封從英國監獄寄來的信，信中的受刑人寫說閱讀梅爾的書讓他有如得到「一日緩刑」，可見閱讀梅爾的書很容易讓人感到快樂。在梅爾詼諧的機智裡，沒有孤獨沒有晦澀，就是不快樂也可以被梅爾寫成很有意思的觀察。

還有一次的採訪讓梅爾銘記在心，因為那個採訪者問了很多問題都跟普羅旺斯或旅行等議題不相干，倒是問了很多梅爾的童年與讀的學校，還有他的父親職業、他的子女等等。梅爾不禁疑惑地問他，請問這篇訪談最後會在哪裡刊登？結果那個採訪者說：「咦，他們沒有告訴您嗎？我們在準備您的訃聞。」這就是梅氏的幽默。梅爾還寫了關於英國和法國的文化差異，以及學習法語陰性陽性的趣事。總之，閱讀梅爾是很快樂的事情，會忘掉煩憂。

年近五十歲的梅爾當年移居南法普羅旺斯，原本是想專心構思一本小說，結果寫不出小說的梅爾改寫了異地見聞。梅爾曾說因享樂而寫不出太正經的小說，他靠的是豐富的閱讀與閱歷，因此能將所見所聞轉化成生花妙筆以及奇想橫生的趣味。他的文章好看，來自於梅爾的品味，他曾寫過一本《關於品味》（Acquired Tastes）的書，他總是親自去體驗，從而帶給讀者充滿樂趣又好看的散文。

梅爾帶起的旅居風與旅行潮，使他成了一個世代的螢光劑號。

我自己是較沉重的人，寫作也是，因而也特別嚮往梅爾這種輕風格，帶著一種天真自在與深度交流，將他城變成我城。這讓我想起另一位完全不同風格的作家海明威，海明威在五十六歲左右寫下《流動的饗宴》，那是五十六歲的海明威懷想二十六歲時在巴黎的日子。海明威旅居巴黎甚長時間，但海明威筆下的巴黎，卻充滿著理想的未竟，總是飢腸轆轆，總是感情擺盪，他當年還用文章交換免費住在莎士比亞書店樓上。說來，我的旅行是比較像海明威的，當年的我因為嚮往寫作，嚮往法式生活，且還很貧窮。

梅爾是我們想成為而不可能成為的對象，因為梅爾當年去普羅旺斯帶的是十五年紐約廣告公司的工作經歷與累積的金錢，最重要的是他還帶著妻子與兩條狗。梅爾出名的時候已經過五十歲了，而我當年在巴黎或者普羅旺斯時，就像海明威，寫作才剛起步，什麼也沒有。

然而多年過去了，我回首竟發現自己竟然仍是一無所有。而梅爾也已然離開人間，梅爾說來是我父母輩的同代人，但想想曾經我的父母過的是什麼樣的苦澀生活啊，而梅爾影響台灣的其實是更後來的世代與晚輩。這讓我覺得很有意思，也意味著我們的旅行時間差，我們的旅行或者時尚品味的建構，都是很後來養成的事了。而現在《再見，山居歲月》出版，對新一代人來說，是直接就跳到二十五年後。

而梅爾還是梅爾。

梅爾總是讓我們覺得，放下速度，放下成見，別想太多。在《再見，山居歲月》仍延續之前的風格，他總是讓我們享受著各種異鄉的滋味。

梅爾讓我們學習：好好吃頓飯（看他寫午餐多有趣），好好喝杯咖啡（他喜愛坐在露天咖啡座上當一名臥底者，偷聽別人講話），好好珍惜人犬關係（〈福星引路〉），好好讚美妻子的攝影（〈隨手拍〉），好好享受天氣變化，好好閱讀與學語言（〈龜步學法語〉），重溫年輕時的友情（導演雷利．史考特是他的好友），好好散步（回憶舊往）……

梅爾之所以可以寫下這些趣味觀察，其核心是，必須自己去親身體驗，才會知道什麼是真正的「生活」滋味。

梅爾，可說是出走與旅居他鄉的引路人。

心情不好時，天氣灰暗時，讀讀梅爾的書吧。讓他的幽默風趣掃除工作沉悶的憂鬱，開始想想那永遠等著我們前進的藍天綠地，還有生活中的各種美食，以及那可愛的毛小孩呢。

譯序——

再見，梅爾先生！

作家．譯者／**韓良憶**

我在鍵盤上敲下最後一個句點，鬆了一口氣，就在這總算完工的一刻，某種悵然若失的情緒卻湧現心頭——這應該是我最後一次翻譯彼得．梅爾的著作了。這位讓全球無數讀者愛上普羅旺斯的英國作家，已於二〇一八年元月永遠告別那一片他所摯愛的土地，我剛譯完的這一本書原該是其最新著作，如今已成遺作。

不知有多少人最早是經由梅爾的《山居歲月》而「認識」普羅旺斯，他以簡練慧黠的文筆，生動描繪普羅旺斯的四季風情和鄉土民俗，以幽默的語調敘述和當地鄉親交誼往來的點點滴滴，偶爾不忘自嘲一番，讓人讀了不覺莞爾。他筆下的普羅旺斯，不但有美食佳釀、壯麗與婉約兼具的自然風光、底蘊深厚的歷史傳統，更重要的，還有溫暖的人情和一位位性格鮮明的有趣人物。如此美好的所在委實太教人嚮往，隨著《山居歲月》被譯成數十種語文，並在全球大暢銷，普羅旺斯成為熱門旅遊地，梅爾式的旅遊文學也成為書市主流，有關普羅旺斯的書籍相繼出版，就連梅爾自己後來也又寫了幾本，而我，則從一九九〇年讀到美國版的《山居歲月》起，便成為其忠實讀者。

事隔十餘年，我收到皇冠出版社一封電郵，問我是否有意翻譯梅爾的作品，那還用說嗎？當然樂意之至，梅爾可是我心儀的作家啊，我工作起來也就特別帶勁，雖說推敲字句的過程難免煞費心神，截稿時限也構成壓力，但是總的來說，翻譯的過程不但是享受，更是福氣。要知道，在我浸潤於梅爾的生花妙筆，充分享受了以後，還有翻譯稿費可拿呢。

於是，就這樣，我接下一本又一本梅爾著作的譯事，當中包括《山居歲月》的新譯本。我以為自己可以按照大約每兩三年譯一本的頻率，持續將梅爾的作品從英文轉換成中文，直到他故世的消息傳來。乍聞噩耗，我多少算是一廂情願地想著，我跟梅爾的緣分終究斷了。怎料到過了沒多久便收到邀約，請我翻譯他的回憶錄《My Twenty-Five Years in Provence》，那就是此刻您手上的《再見，山居歲月：我在普羅旺斯美好的25年》。

六年前，我曾有幸重新翻譯梅爾先生第一本普羅旺斯書，沒想在第六度成為其中文譯員的這一回，譯的竟是其人生前最後的文章。此書文字一如既往，風趣明快，我起初戰戰兢兢，生怕譯筆辜負原作，然而隨著越來越深入其字裡行間，譯者彷彿感染到作者幽默又豁達的生命情調，不由得感到，人生一場，曾經擁有，樂在當下，便足矣。再見，梅爾先生！再見，山居歲月！

目次

1 想當年

一切始於天氣忽然變好。我和妻子珍妮為了躲避英國夏季的爛天氣，來到蔚藍海岸，想在風光優美如詩之地，好好地度假，為期兩週。眾口皆云那裡一年當中足足有三百天陽光普照，我們去的那一年偏偏就不是這麼回事，老天動不動就下起滂沱大雨。海灘上的遮陽傘濕透，傘布扁扁的，變成一團團；那些一身古銅色肌膚、負責巡邏海灘的年輕人擠在沙灘小屋中，泳褲濕答答。尼斯海濱英國人漫步道邊上的咖啡館裡，坐滿悲慘的父母和耍性子的孩子，大人原本答應小孩可以弄潮戲水一整天。《國際前鋒論壇報》上有條消息說，熱浪正襲擊英格蘭。我們準備離開尼斯，希望熱浪能延續到我們返家時。

在這種情況之下，我們需要得到某種慰藉。我們考慮越過邊界到義大利，要麼跳上航向科西嘉的渡輪，要不就開一大段路，南下巴塞隆納，趕過去吃晚飯。不過我們後來決定探索法國，不走高速公路，轉而行駛沒那麼寬廣的次級道路。我們心想，就算下著雨，沿路風光也會美麗一點、有趣一點，勝過加入主要幹道上由卡車和露營拖車形成的北上車流。再說，我們對法國的印象始終局限於巴黎和蔚藍海岸，接下來所到之處將是全新且未知的領域。

想當年還沒有GPS，我們使用地圖，看來眼熟的地名寥寥無幾，其中有一個是艾克斯（Aix）。那裡說不定有陽光，我們於焉驅車出發。

依我看，法國的七號國道就等於美國的六十六號公路，而老歌教導我們，要找樂子，就上六十六號公路。七號國道的極樂點落在每年的七、八月，大多數巴黎人會沿著這條當年的主要道路開車南下。這條公路也有首名曲，演唱者是夏爾・德內（Charles Trenet），歌中不時就唱到「陽光、藍天、假期」，允諾著美好時光。

現實卻不盡如歌，七號國道長年交通繁忙，就在那一天，路上擠滿了成千上萬輛縱橫穿越法國的卡車，開卡車的往往是大塊頭男人，他們睥睨著過往的汽車，隱然營造出令人不敢造次的氣氛。「敢超我車，你就給我當心點，」他們腦袋中彷彿有這樣的念頭，「你要是珍惜生命，就別忽然變換車道。」

雨漸漸變小，我們抵達艾克斯時，灰撲撲的天空已出現零碎的藍天，讓人興起希望。我們決定去城裡最古老的小酒館兼餐館，這家「雙侍者」開業於一七九二年，與其說是酒館，毋寧更像古蹟，塞尚、左拉、畢卡索、巴紐爾、皮雅芙和卡繆等人，昔日皆為座上客。露天咖啡座俯瞰著艾克斯最漂亮的街道——米哈博大道，梧桐夾道而立，馬路上星羅棋布著噴泉，這裡正是觀看人潮流動的最佳處所，通常洋溢著歡暢愉悅的氣氛，有一回卻因廁所傳來一記槍響而暫被打斷。謠傳有位侍者因小費落空，憤而行兇，結果這根本是子虛烏有之事，生活遂又回歸常態。

我們一邊喝著粉紅酒，一邊又瞧了瞧地圖，發覺呂貝宏山脈北側散落著好些村落。看來大有可為，而且從那裡回英國多少算是順路。我們吃了一頓恰到好處的普羅旺斯午餐，菜色有芥末兔肉和味道特別細緻的蘋果塔，送餐給我們的侍者簡直像樣版人物——白圍裙、大肚腩，那一把八字鬍更是濃密得教人過目不忘——我們蓄勢待發，不論迎面而來是什麼樣的崇山峻嶺，我們都作好準備。

我們駛離艾克斯，天空漸漸雲開日出，我們越往前走就看見越益大片的藍天。太陽依舊未露臉，但是下午的天氣越來越舒服。當我們遠離艾克斯，來到鄉間時，景色的轉換讓這個午後更顯宜人，風光優美而遼闊，常是一片又一片的荒野。葡萄園和向日葵花田遠遠多於房屋，眼前所見的房舍屋宇又是那麼迷人——石塊飽經風霜，屋瓦褪色，綠蔭蔥蘢，屋旁不是有兩三棵古老的梧桐樹，就是有兩排夾道的絲柏。我們後來才發覺，這正是典型的普羅旺斯鄉間風景，而我們當場愛上這般情景，且深愛至今。

空曠的田野間或變成一座座村莊，村中教堂的尖塔居高臨下，統領著塔底那一堆零亂分布的石屋。有幾幢屋子樓上的窗口晾曬著當天清洗的衣物，在我們看來，那是一個徵兆，顯示村民正等著陽光照耀，而在氣象預報這件事上，當地人始終是專家。果然，當我們駛入地圖上的「呂貝宏自然區公園」時，太陽出來了，陽光燦爛又歡暢，令萬事萬物看來鮮明而潔淨，大地景觀如蝕刻畫一般鑲在天邊，在尼斯度過的那些灰暗的雨天簡直像出現於另一個星球。

這會兒，我們可以遠遠地往呂貝宏山瞧上兩眼。山脈走向長而低矮，山勢看來並不崎嶇險峻，是讓人看著舒服的山。呂貝宏山甚至有條馬路看似從南到北，穿山越嶺，而我們正要往北走。我們在盧瑪杭（Lourmarin）村外選了這條路，朝向北方，可是這條路只有頭幾公里是平直的瀝青路，跟著就變得七彎八拐，那是我頭一回坐在車裡卻覺得暈船。雪上加霜的是，路面狹窄，往往一側是陡峭的岩壁，另一側為千丈懸崖，還有對向來車。來的若是機車，倒也不難閃躲，雖說有些騎士可真是把馬路當賽車道；若是汽車，倘若我們緊挨著岩壁，就勉強仍可通行。拖車和露營車則構成挑戰，尤其在轉彎處，我們拚命靠向一側，差一點就要擦上岩壁。我們提心吊膽，屏住呼吸，珍妮非常明智地閉上眼睛。

馬路總算逐漸變平變寬，我倆鬆了一口氣。路標指向文明的前哨——奔牛村（Bonnieux），這村子美如風景明信片，地勢居高臨下，屹立於山頭，山谷風光一覽無遺。我們在地圖上查找下一站，目光被「波希村」（Village des Bories）這一行粗體字吸引。我們心裡直納悶，波希是什麼啊？是享有特權的小部落成員，可以建立自己的村落嗎？也或許是稀有高山動物的庇護區？還是說，這年頭人心如此開放、愛自由，那裡搞不好是天體村？我們決定去瞧瞧。

我們好不容易來到那村落，一個天體人士也沒見著，眼前是一幢幢非凡獨特的小屋，由採自當地的六吋厚石岩板堆砌而成，完全沒有水泥。這二十八幢波希小石屋的外觀有點像巨大的蜂巢，建於十八、十九世紀。有羊圈、烤窯、一間養蠶室、牲口棚和穀倉，想當年可都是符合生活所需的現代化設施，且都保存良好。

沉浸於歷史後，難免需要吃點、喝點什麼，好提神醒腦一下。幸好再往前走一會兒，勾德（Gordes）村裡就有。勾德如今已成典範，兼具田園之趣和世故老練之妙，有好旅館、餐廳和精品店，夏季時有絡繹不絕的遊客，然而彼時它還是個寂靜、幾乎無人居住卻美得驚人的小村，有如石頭搭建的電影場景。

勾德歷史可追溯至公元一〇三一年，我們橫越主廣場時，一邊走一邊不難想像，此地自開村以來並未改變多少。村屋的外觀呈現著淡淡的蜂蜜色澤，那是千百年來的陽光留下的痕跡。多年來，不時有密斯脫拉風吹颳過整個普羅旺斯，石塊的表面皆因風化作用而變得光滑。廣場邊上有家咖啡館，更給這個下午增添樂趣。

我們坐在露天座位上眺望周遭的鄉野，說不定就是在那一刻，夫妻倆起心動念，想要改變生活。我們都覺得，要是能居住在此地，豈不妙哉。我們在職場打滾已久，在倫敦和紐約工作多年，已準備好要過簡單一點、陽光多一點的生活了。

太陽慢慢下山，我們得開始想想該在哪裡過夜。咖啡館侍者嘖了兩聲，搖搖頭。勾德村裡沒有什麼是他樂意推薦的，不過如果我們想去最近的大城卡瓦雍（Cavaillon），一定能找到不少舒適的住處。

卡瓦雍是法國的甜瓜之都，說真的，倘若你相信當地瓜迷的說法，那裡根本是全球的甜瓜之都。城裡的風光並不特別美，與其說是風景如畫，不如將之形容為「工整務實」，不過，經歷過勾德村以後，此城顯得大而繁忙，我們肯定能舒服地吃一頓晚飯，好好地睡上一覺。

旅宿之事易辦，我們一進城就找到了。位置很好，就坐落在大馬路上，有點破舊，但不能說沒有幾分滄桑的韻味。櫃檯的女士也是徐娘半老，風韻猶存，含笑著歡迎我們。

「麻煩您，我們要住一晚。」

女士揚了揚眉，「過夜嗎？」

她帶我們到旅館主要通道上的小房間，請我們先付房價，介紹了一家只要兩分鐘路程的餐館。

喬治餐館正是我們鍾意的那種館子，菜單不複雜，鋪著紙桌巾，那會兒餐廳裡生意逐漸忙了起來，每當廚房的彈簧門一開，便飄出陣陣香味，誘得人食指大動。我們當然選了甜瓜當前菜，滋味果然可圈可點，香甜又多汁。我們點的葡萄酒盛在陶罐中，端酒過來的是位老先生，大概就是喬治本人。他建議我們吃完甜瓜後嚐嚐店裡的招牌菜——牛排拼炸薯條。牛排好極了，薯條則美味得足以讓老饕喜極而泣，香酥到不行，卻不油不膩，爽口又鬆脆。倘若這就是普羅旺斯菜，那我們簡直迫不及待想要吃下一餐了。

不過，歷經漫長的一天，床鋪在向我們招手。我們回到旅館，進房前在走廊上和兩位形貌舉止鬼祟的男子擦身而過，房門尚未闔好，便聽見有點歡樂喧鬧的聲響——有個姑娘在咯咯笑，有個男子漢哈哈大笑，有一扇門緊緊關上。聽上去像是有別的住客在辦派對，而且他們非常精力充沛。

那一晚上大多數時候都是如此熱鬧，門呼呼地敲響，走道上重重的腳步聲來來回回，我們難以成眠。過了一段時日，我們才聽說，那晚我們投宿於當地的妓院。

2 甜蜜的家庭

坐在豔陽下的露天咖啡座盤算著易國而居是一回事，待回歸現實世界時，卻是另一回事。我們回到英格蘭以後，日子一天天過去，普羅旺斯就一天天顯得更加遙遠，也更令人嚮往。在那個階段，我們連想要住在普羅旺斯的哪個角落，都沒有一點概念。倘若把蔚藍海岸也算在內（我們可不會這麼算，因為那裡和真正的普羅旺斯根本是兩碼子事），這整個地區從北部山區到南部卡西斯（Cassis）和馬賽的海濱，總面積超過三萬平方公里。由於我們對未來的家園所知甚寡，一開始的時候就只能作作白日夢、讀讀旅遊書，這更加讓我們失去耐心。

珍妮起碼做了件有用的事：報名學法文，班上同學全是十幾歲的孩子。我本來就很熱中於講學生式的法語，我的口音曾讓勾德村一位女士開口說道：

「可是，先生，您說的法語好像是西班牙牛在講話。」我起先以為這是在讚美我法語流利，可她真的是將我的口音比擬為西班牙牛在哞哞叫。

冬天帶著泥濘的腳步逐漸席捲英格蘭鄉間，我們藉由看地圖、閱讀《米其林指南》來自我安慰，打算初夏重返普羅旺斯。這一次，我們的行動會更周密，且完全講求實效。在那裡生活的開支需要多少？英國難民受人歡迎嗎？我們是否需要正式的居留許可？我們的兩條狗需要護照嗎？法國稅制到底有多麼可怕？我們討論許久，談話的基調在大部分時候都是樂天又無知，那是記憶當中最漫長的一個冬季，不過總歸還是結束了，我們至少在精神上又可以穿上短褲、戴上太陽眼鏡，準備好出發了。

我們時常注意到，英國人開車出國時，很愛往車裡塞進英國東西，越多越好，多多益善。好比說，充足的茶葉、鍾愛的茶壺、巧克力甜餅、管它什麼季節也要帶著以防萬一的冬季毛衣、兩把小型摺疊躺椅、雨傘，還有非得帶上不可的腸胃藥，眾所周知外國人老愛把奇奇怪怪的玩意擱進菜裡。

我們則盡量清空車內，好騰出空間裝載我們打算帶回家的橄欖油和葡萄酒。駕車周遊普羅旺斯時，有一樁讓人分心的樂事，那就是沿途有不計其數的酒莊邀請口渴的過客順道拜訪，喝個一兩杯，而這難免會讓人順便就買上一兩瓶。如此這般地採買葡萄酒，格外令人心曠神怡，而且文明。停車的地方不論是古老的農舍，還是屋前有兩百公尺林蔭車道的小型凡爾賽宮，你都會受到溫暖的歡迎，對方既樂於幫忙，酒更往往美味。

不過，我們首先得到達那裡。我們需連人帶車搭渡輪前往卡萊港，然而穿越寬廣的法國鄉間。法國的人口數字和不列顛差不多，國土面積卻將近三倍大。當你駕車從法國的一端前往另一端，狀況更是明顯，遼闊的大地綿延不絕，看來宛若大批造景園藝工匠的心血結晶：田地和樹籬工整，柵欄維修完好，拖拉機在田裡留下的犁溝筆直到不行，放眼望去卻一片空曠，沒有房子，沒有人。

有句諺語說，「普羅旺斯始於瓦朗斯」。誠然，車子一過瓦朗斯，我們就看見天空逐漸換了顏色，建築物也從磚牆、石板瓦，變成石牆、陶瓦。陽光普照，氣溫慢慢上升，目的地快到了。

我們有位朋友在普羅旺斯已定居數年，拜其之助，我們在勾德村主廣場邊上租了一間小公寓，離咖啡館一百公尺，至麵包店只要兩分鐘腳程，隔壁還有家看來甚有可為的小餐館。另外，還裝了電話，這在當時是很罕見的。咱倆夫復何求？

我們成為勾德村民（雖然僅僅兩週）的第一個全天，有兩項重責要務：備妥糧草——液體和固體都要，還有找到本地的房地產仲介。這兩件事只需要兩三小時就可以辦妥，我們當時這麼以為。

想當年，只有在大城和小鎮才有那種能夠讓人一次購足所需的超級市場。在普羅旺斯鄉下，想要買麵包就得上麵包店；買肉，去肉店；蔬果、乳酪、葡萄酒、洗衣粉、曬衣夾，各有各的專門店，店主往往是各自專門行業的行家，總是樂於將所知傾囊相授。還有當地顧客，絕大多數是凡事多疑的女士。她們下定決心絕不肯上當，誤買到被掐壞的蜜桃或外皮起縐的番茄，店老闆則自然而然會起而捍衛自家商品。於是這裡捏捏，那裡嗅嗅，倘若這樣無法奏效，那就試吃吧。老闆趁此時大力推銷，到末了，多疑的女士掏出腰包，雙方銀貨兩訖。這過程旁觀起來真是有意思，卻太花時間，買兩顆甜瓜一般得耗掉十分鐘，因之到了正午，我們還有數樣東西沒買齊。唉，偏偏店家一律午休，我們從而習得普羅旺斯購物學的第一堂課：早點上門、保持耐心、午餐不可遲到。

尋覓房地產仲介有點困難，不是因為缺乏，恰恰相反，幾乎每個村莊都找得到至少一處美得如詩如畫的小角落，開著一家不動產仲介公司，店外的木頭遮陽窗板上面掛著待售房屋的照片。這些鄉屋一律配上「機會不再、及早把握」的形容文字。問題在於，我們經驗不足，又容易受到左右，於是在我們看來，每幢建築都還可以：屋頂快垮下來的破爛穀倉；已有二十五年無人居住的可愛小村屋，之所以沒人住，想必有其原因；破舊到連鴿子都棄之不顧的鴿舍——每一幢都似乎準備妥當，就等著人發揮想像力，大事翻修。

仲介當然跟我們一樣，也是摩拳擦掌、興致勃勃，他們的措詞用語足以令中古車銷售員臉紅。我們看到的每一張照片都配上圖說註釋——潛力無窮的珍寶、夢幻一般、罕見且寶貴的機會。事情還不僅限於此，有好幾回，仲介對我們使出秘密武器，那就是，算我們走運，只要若干報酬，大夥都很樂於對我們伸出援手。仲介人脈廣，有一位連襟是建築師，一位表兄弟當電工，還有位阿姨是卓越的造景園藝師。

幸好，常識上場幫了忙，我們沒有被甜言蜜語沖昏頭。我們提醒自己，要找的是可以住的房子，而非需費時五年的計畫，所以我們繼續尋尋覓覓。

在此同時，我們也體會到小村生活的若干樂趣和值得玩味之處，很快便發覺，咱倆可是地方上的小小話題人物。素昧平生的人會在街上攔下我們，問我們找到房子了沒有。有天傍晚，我們發現有位和氣的老先生坐在我們的居處門前，他問清楚我們確是「英國佬」後，說明來訪的原因。

「聽說兩位有電話，這在村子裡非常少有。」

我們是有電話沒錯。「啊，那好，」他說，「我有個兒子，他太太懷孕了，可是我沒有收到消息，我想打電話給他。」

我們帶著他到電話機旁，讓他獨自在那裡打電話，心想他也就講個兩三分鐘吧。過了一刻鐘，他才又現身，一臉笑呵呵。

「我有孫子了，三公斤。」

我們恭喜他，他謝了我們，並且說他電話機旁留了一點東西。果然，桌上擺了一枚兩毛硬幣。直到我們收到電話費帳單，這才發現他的兒子住在加勒比海的馬丁尼克島。

日子過得有趣、美妙，偶爾讓人感到洩氣。主要是由於我們再怎麼拚命，語言溝通仍有問題，普羅旺斯人講話往往如連珠炮一般，而且不時會把擠眉弄眼和比手勢當成某種視覺性的標點符號，凡此種種更使得溝通難上加難。比方說，他們會以一派莊重的模樣點一點鼻子，表示此事需要謹慎處理；輕輕搖晃雙手，暗示著方才說的話不盡然正確；咬一咬拇指、拍一拍二頭肌、拉一拉耳垂、誇張地挑一挑眉頭。這還是雙方客客氣氣地在交談的情景，要是雙方一言不合吵了起來，天知道會有何等激烈的肢體動作。

剛進入第二個星期，我們在找房子這件事上時來運轉，在奔牛村的一間小辦公室裡認識莎賓娜。她不同於我們先前接觸過的房地產仲介，會傾聽我們述說心中想法，而不是想方設法向我們推銷她手裡已有的房產。她嬌小迷人，從左鄰右舍的噪音到種種謎樣的夙怨世仇，一一向我們提醒小村生活各種意想不到的困難，頓時贏得我們對她的信心。她說，我們身為外來者，尤其還是外來的外國人，會勾起鄉親強烈的好奇心，成為蜚短流長的焦點，最好找個僻靜的所在，遠離窺探的目光和說三道四的嘴巴，不知我們意下如何？

她欣然得知我們同意她的看法，接著好像靈光一閃，拍了自己的腦門一下，說：「誒，當然如此！」她說明道，當天早上才收到剛上市求售的一幢房產照片，說不定正合乎理想。

她拿出照片，是一幢形狀不規則的穀倉兼農莊，色調柔和的石頭立面浴在陽光中，有條狗在梧桐樹蔭裡呼呼大睡。你幾乎聽得見蟋蟀在唧唧叫，其情其景如詩如畫，而且還不只這樣而已。

莎賓娜說明，這幢房子蓋在山坡上，俯瞰著無人居住的山谷——她稱之為「私人景觀」。那會兒，我們早已準備好搬進去住了，就連屋價也未能令我們卻步。東挪西湊，總是能籌到款項的。我們和莎賓娜約好次日下午去看屋。

房屋一如照片所示，私人景觀美如風景明信片。屋主是位藝術家，人很親切，請我們自己隨意走走看看，他則坐在陰涼處和莎賓娜聊天。我們四處遊走、拍照、寫筆記、為我們的家具找擺設的地方、商量且決定相當簡單的廚房該如何裝潢。至於錢的問題，日後還有充足的時間可以討論，那會兒我們樂昏了頭。

屋主樂康特先生必然已將這一切收於眼底，意識到會很快成交，拿出一瓶粉紅酒，對我們一一道出這房子比較不是那麼一目瞭然的魅力。他說，在房屋下方的山谷裡有一片櫟樹木，每年冬天盛產滋味妙不可言的松露。屋後的山坡保護房子不受密斯脫拉風侵襲，此烈風來自西伯利亞，從吹掀了屋頂到逼人自殺，種種壞事都可以怪它。私人水源供應充足，對我家的狗兒來講可謂完美國度，而且沒有煩人的鄰居會來打擾我們。他娓娓道來，我們還沒有聽他講完，就已經買定了這房子。

當天晚上為表示慶祝，我們到小村畢歐（Buoux）吃飯，館子是莎賓娜推薦的，她認得店主兼大廚莫理斯，說我們不會失望。我們果然沒有失望，其後多年，我們時常在此愉快地用餐，夏季坐在戶外吃午餐和晚餐，冬天則坐在大壁爐前。這麼多年下來，我可以公道地說，在那兒吃到的每一口飯菜都讓我齒頰留芳。

頭一回造訪的那一天，我們陶醉在幸福的感覺中，無法相信咱倆竟如此好運，一切都好得簡直不像是真的。

當然，世上哪有此等好事。

3 邁向前程

那天夜裡我們憑空畫大餅，到了凌晨方就寢。第二天下午，我們得去莎賓娜的辦公室一趟，聽她講解準買家在成為自豪的屋主前需要了解的所有細節。這過程容或煩悶無聊，卻等於向前邁進一步，我們提早十分鐘抵達。

莎賓娜走出來迎接我們時，臉上的表情不同於平日的容光煥發，這是第一個跡象，暗示出苗頭不佳。她抿著嘴，蹙著眉，苦著一張臉，好像要去送葬。她開門見山，道出壞消息。

這天上午，她花了不少時間和樂康特先生通電話。她說，屋子的產權有一點麻煩，或者該說是屋子有一部分的產權有一點麻煩。我們記不記得廚房旁邊加蓋的部分？當然記得，我們已打算拆掉部分的牆，將兩側打通，讓廚房變大。

莎賓娜嘆了一口氣，搖搖頭說不可能。加蓋的那一部分的產權不屬於樂康特先生，他兩三年前打牌時把那間附屬建物輸掉。他三番兩次設法買回，始終未能如願，更糟的是，附屬建物的現任所有權人表示打算將它留給子女。此事早已讓樂康特先生和對方反目成仇，兩人如今不相往來。莎賓娜說，可惜的是，諸如此類的事情在普羅旺斯司空見慣，事涉大家族時尤其如此。問題癥結在於，根據法國法令，父母故世後，大多數收益須平均分配給每一位子女，此一條款帶來很多麻煩。

舉個例子，比方說杜邦夫婦倆的三名子女繼承了價值兩百萬歐元的精美老宅，大兒子昂希想要售屋，拿他的那一部分款項旅遊享受一番。他的大妹艾洛蒂聞言嚇壞了，她想要把這房子租出去，租金給她的兒女。小妹娜妲莉性格略有點輕浮，想要把房子的一樓改成髮廊兼按摩中心。三兄妹就這樣相持不下，僵局可能持續多年，有時甚至延續好幾代。

莎賓娜真是好人，勸我們不要把心思放在樂康特先生的房產上，她說，我們必須心懷勇氣，不必擔憂，她會替我們找到一片樂土。

我們夫婦倆還是大失所望，準備打道回府，返回英國，我們需要來點什麼，好讓我們打起精神，給我們的車子裝滿橄欖油、粉紅酒和若干本地紅酒會有所幫助。何況珍妮也說了，反正我們可以再來普羅旺斯，先租屋而居，一邊找房子算了。不過，在此之前有件重要的小事，就是得賣掉我們在英格蘭的房屋。

那是一幢茅草屋頂的老農舍，放眼望去，德文郡的鄉野風光一覽無遺。我們地方上的房地產仲介是個無精打采的年輕人，從頭到腳一身的格子呢，他宣稱這屋子「超級好賣」，問題是，什麼時候呢？並不乏來看屋的潛在買家，他們接踵而至，統統都喜歡這房子——但是有幾位要麼覺得太偏僻了，要不就是疑心疑鬼，不知道茅草屋頂下頭是否住了奇怪的生物；還有些承認說，沒有鄰居這件事令他們不安。總是有件事作梗就是了，日子一週週過去，緩慢又教人灰心喪志。

救星終於來了，那是位藝術氣息濃厚的年輕人，他的屋伴是一隻名叫羅傑的鸚鵡。他來看了房子，同意購屋。房屋買賣必需的手續需花四、五週才能辦妥，可是我們並不在意。我們馬上就要荷包滿滿，事情已有著顯著進展。我們已然上路，打電話跟莎賓娜講了這個好消息，她說她有把握，很快就會有好事發生。我們開了一瓶普羅旺斯丘葡萄酒慶功，其味之美前所未有。

我們匆匆忙忙、粗手粗腳地將房屋清理一番，往車子裡塞滿家當，上路。我們決定讓自己有點像是從零開始，到了普羅旺斯再添購家具和擺設，好好利用當地的骨董市集和工匠。車上騰出的空間有一半讓兩條狗兒和狗籃占用，其餘家當則差不多皆已託售。

這一回從卡萊港驅車南下，法國給我們的感覺變得不同，這裡即將變成我們的家。我倆都承認，心情有點一則以喜一則以憂。年方二十來歲時，要做這種事情並不太難，我們呢，講好聽點，已然熟齡了。

我們一駛離法國北部和中部，天空的顏色再度起了變化，從淡淡的灰變成濃稠的藍，萬里無雲，這給我們打了一劑純度百分之百的強心針，趕跑了憂慮，讓我們的心思轉而投向較實際且合情合理的問題上，好比說，晚餐。

抵達勾德時，村落在夕陽餘暉中熠熠發光。雖然夏季才剛剛開始，天氣已暖和得可以在戶外用餐，我們決定去試試先前租居公寓旁的那家餐廳。

「莫妮克小館」是小而美的傳統餐館，老闆娘莫妮克管前場，老闆居勒和年輕的助手則在廚房裡燒出一道道簡單可口的傳統菜餚。有許多廚師因為老想著要摘下米其林星，往往會推出一些饒富企圖心的繁複菜色，居勒卻不然，滿足於烹製自己拿手的菜餚。菜單上的菜色樣數不多，每天更換內容。叨天之幸，白色瓷盤上並未綴以當時剛開始流行的花稍醬汁；酒單非常簡練，就只有盛在大瓶子裡的紅、白和粉紅三種葡萄酒。我們感覺像回到自家一般地舒服自在。

我們選了戶外一張桌子，如此就可以帶我們家的兩條狗兒一起來。我們問老闆娘可不可以帶狗時，她笑著說：「哎呀，可以，當然可以。」她轉過頭去，臉朝著餐館內部吹了一聲口哨，名喚阿豐斯的巴吉度獵犬自店內慢步而出，嗅嗅我們家的狗，在近處的路燈柱邊抬起牠的一條腿，爾後才進屋，回去睡覺。

莫妮克替我們點好餐，隨即送來我們的一大瓶紅酒，手上還端了一大碗水要給狗兒喝，這可是在大多數米其林館子見不著的事。我們的憂慮至此一掃而空，往椅背一靠，樂在當下。最後一抹夕陽照著房屋，給石頭蒙上蜜色的柔光。廣場對面的咖啡館好不熱鬧，我們聽見露天座位上有客人在講著德語和英語。他們跟我們一樣，都是早到的訪客，偏愛溫暖的六月，勝於炙熱的七、八月。不過，跟我們不一樣的是，他們過了一兩週就要打道回府，我們則會留下來。我很難不感到沾沾自喜。

莫妮克提議由她來配菜。她說，先來一道冰涼的甜瓜湯，既能清口又可以喚醒味蕾。接著下來，她推薦她個人最愛吃的烤羔羊排，肉來自西斯特隆，是「全法國最好的羔羊肉」，配菜吃嫩菜豆，那可是「天上來的四季豆」。我們哪裡抗拒得了？

甜瓜湯清涼可口，以新鮮羅勒調味，滋味細膩。一如莫妮卡所保證，我們還沒有喝完湯，味蕾便已進入高度待命狀態，而它們並未遭到辜負，羔羊排肉烤得粉嫩，菜豆也鮮嫩得像是剛採自菜園，小巧的馬鈴薯烤成金黃，算額外之喜。

我們還吃了本地的乳酪以及珍妮熱愛的薄片蘋果塔，喝了咖啡和滿滿一小杯順口到危險地步的普羅旺斯渣釀白蘭地，這會兒，我們準備好帶狗去遛達遛達了。狗兒跟我們一樣，即刻便注意到普羅旺斯的空氣聞起來不同，有異國風味。路燈柱子也飄著某種「說不上來是什麼」的氣味，讓兩條狗兒神魂顛倒。對我們一家四口而言，那一晚是「大發現之夜」，我們在普羅旺斯的生活有了好的開始。

4 第二印象

我們又重返租賃的公寓，沒多久便體會到「來度假的英國人」和「外國居民」這兩種身分有何差異，這樣的感受讓人心情出奇愉快。承蒙大夥容忍，我們試著講法語，經常逗得人哈哈大笑，三不五時會引發對方回以洋涇濱英語。他們神情肅穆，不時認真地點點頭，並搖搖食指，說到最後會停頓下來，等我回答。如此一來一往，有時可真不容易。

「在法國，眾所周知英國人全都熱愛打板球，那就像我們的滾球，對吧？請向我解說這項運動的規則。」是我最不愛聊的話題，然而恭敬不如從命，只是每一回我一開始說明「背小內野」、「背前外野」、「左外野」、「正後外野」、「狙擊」、「第二游擊」等等的板球場上防守位置，便會看到對方的眼神放空起來。當我講到一流的板球賽可以一打五天卻沒有比賽結果時，我知道我已讓我的聽眾墜入五里霧。這時該去喝杯酒，換個輕鬆話題了，好比說，聊聊政治吧。

不過，所有人都了解並贊同我們易國而居的決定，不時就有人告訴我們，法國不但是歐洲最美好的國度，而且普羅旺斯是法國最美好的地區。還有哪裡一年足足有三百天陽光普照？還有哪裡能找到真正道地的粉紅酒，有時果香十足，有時不甜，而杯中淨是夏日的滋味？還有哪裡的山羊乳酪有如藝術品？普羅旺斯生活有著各種獨特的面向，可以列成清單，述之不盡。

最驚人的是，這些狂熱分子列出這樣一張琳瑯滿目的清單，並不是因為想向我們推銷什麼。他們衷心相信自己住在世間難能可貴的寶地，完全不想搬到別處。我們逐漸熟悉勾德村，逐漸了解到有不少戶村民世居此地，有時甚至是同一間房屋。他們的集體記憶可以上溯至一百多年前，他們是活生生的歷史書。

這一點似乎造就出親切友好的性情，這裡的生活步調緩慢而放鬆，避開現代社會習於的壓力和速度。他們當然不信任政府——巴黎的那些蠢材——老天要是下雨超過兩天，他們的脾氣會變得有點暴躁，不過大體說來，這裡的人快活又自得。我們發覺，這種性格有傳染性，偶爾有件緊迫的雜務因午餐的緣故而耽擱，真有那麼嚴重嗎？時間是有彈性的，明天總會來。

懷抱著這樣從容不迫的生活態度，或者該說是基於如此，我們發覺這裡的鄉親可比從前接觸往來的人有禮貌多了。即使是天天見面的朋友，也必須握手和吻頰為禮——有時吻兩下，有時三下，而且總得撥出一小段時間閒話家常。

其他的第一印象就不見得那麼讓人愉快，法國人對零碎的官方文書作業之執著，往往令人惱怒：有關單位告訴我們，務必好好保管極其重要的國家安全珍寶，好比說，電費單、醫師處方箋、報稅單、電話費帳單，還有為期至少兩年或五年乃至十年的銀行對帳單。我們在此居住不過數年後，就鄭重考慮向鄰居租車庫，以便儲存各種單據。（令人掃興的是，我不得不承認，二十多年來，我們從未應要求出示任何文件——就連特別敏感的電費單也沒那需要。）

我們對法國人日常如此彬彬有禮固然印象深刻，但是也不能不從另一個觀點來談談法國式生活。說起此事，什麼禮節啦，耐性啦，還是客套啦，統統都閃到一邊，那就是肯定是由英國人發明的古老傳統：排隊。法國人下定決心絕不加入井然有序的長龍陣中等候，其貫徹決心的手法靈活巧妙，不屈不撓，他們要麼推推搡搡、躡手躡腳或悄悄貼近，要不就佯裝和恰巧排在隊伍前面的好友會合。我還認得一位身手矯健的老太太，平日絕不拄拐杖，可是上菜市場一定帶上，她將拐杖當成武器，揮趕擋路者，好清出道路，讓自己走到隊伍前方。

然而，法國人行走在路面上時的好鬥習性，比起他們坐進駕駛座以後的狂暴氣勢，算是小巫見大巫。他們在急轉彎處依然想方設法要超車，險象環生，又喜歡以僅僅六吋的距離緊貼著前車。這兩種情形已經夠刺激了，卻仍遠遠比不上法國人搶停車位時那種喜怒哀樂全形於色的表現。他們先是死命地撳喇叭表示反對，跟著搖下車窗，好讓對方容易聽清楚自己在大聲抗議，最後則不顧自己已經擋住後方來車，造成交通堵塞，並使得動彈不得的駕駛人怨聲載道，而逕自下車，繼續咆哮，脹紅著一張臉，雙手指天畫地。這時，他後方的駕駛人也加入混戰，大揿喇叭，落敗的駕駛人不得不趕在地方憲兵以妨礙公共秩序為名逮捕他以前，認輸了事。有時候，車位角逐戰發生在路邊咖啡座前，咖啡座上客人往往會鼓掌，用掌聲來安慰搶輸的人。

諸如此類讓人分心的事情，使得原本只是要到麵包店買可頌、速去速回的旅程，變成半小時的娛興活動，我們漸漸發覺，從前竭力要保持做事井井有條並且守時的習慣，慢慢消失了。我們要是在路上看見有人在打法式滾球，一定會佇足學點技巧：如何瞇眼瞄準、如何蹲伏彎腰、如何優雅地擺手、如何擲球——凡此種種，有如一場鄉村芭蕾舞。當然，一定會有爭論的場面。球員會圍攏在球的邊上，看是誰的球落地點離「豬仔」最近（原文cochonnet直譯為小豬，但是在這裡指的是目標色球）。講道理的辯論很快就淪為唇槍舌劍，有人會拿出捲尺，期能解決紛爭，就在雙方劍拔弩張，看來非得動手打上一架不可時，爭端得到解決，敵意煙消雲散，大夥改上酒吧喝啤酒去。板球賽可不會如此落幕。

做著這些讓人分心的樂事之餘，我們仍照常在尋覓定居之地，有時歡喜，有時失望。有屋待售的屋主如此詭計多端，也給我們上了一課。他們無一例外，總是無比樂觀地描述其珍貴的財產。下陷的屋頂和鉸鏈脫落、搖搖欲墜的百葉窗被形容成「別具一格」；低矮到連侏儒都得低頭彎腰的天花板，叫做「氣氛融洽」；狹小陰冷、廚具可進博物館典藏的廚房，則具有「傳統風味」。其實，這些房子多半已多年無人居住，是前任屋主故世後繼承而得的財產。即使如此，我們看到的古老遺物有一些實在很難想像能夠改裝成一個家。

幾個月過去，我們總算時來運轉，在山腰找到一間屋子，後院緊鄰著占地數千英畝的呂貝宏自然區域公園，還有一片不大不小的葡萄園，梅納布（Ménerbes）就在兩分鐘路程以外，村裡林立著古老而美麗的石屋。

遷入新居的頭一晚，我們差不多就只擁有一張床，有些家具不久之後才會從英國運來。搬新家的第一夜往往就是這樣，但是我們太開心了，根本沒留心到家徒四壁。兩隻狗兒頭一回在私家森林中遛達了一番，有如到了天堂。梅納布看來是個相當宜人的村子。新居有泳池，沒有煩人的近鄰，我們終於有了可愛的家，這下子可真是法國居民了。

我不時湧起提筆寫小說的念頭，不過老是有事情阻止我去擾亂打字機。普羅旺斯有太多讓人分心的人事物，其中有兩者離咱家很近。雖然隔了好一段距離，但是我們從前任屋主那兒接手了兩位住得最近的鄰居——傅斯丹與其妻昂莉葉。根據行之已久的協議，由他們負責照料我們的葡萄園，而他們可真勤勞。我們幾乎每天都看到老傅駕著他的拖拉機來幹活。不忙的時候，他會給我們內行的指點，傳授種植葡萄和葡萄從果實慢慢變成酒的門道。我們學習剪枝，發覺用老藤的根當壁爐柴木來取暖，氣味很香。我們頭一遭喝到用自家土地產的葡萄釀的酒時，更是無比興奮。（這酒絕不可能得獎，然而它是「我們的」酒。）

每一個季節看來都各有極好的理由，讓我無法安心坐下來工作。打字機逐漸積灰蒙塵，而我熟能生巧，越來越善於漠視罪惡感的折磨——這會兒我可明白了，大多數的作家總能在寫作生涯的某一刻得以精通此道。葡萄收穫季來了，葡萄採收完了，老傅收拾好拖拉機將之歸位。遊客走了，鄉間霎時空曠許多，聽說冬天要來了。

然而，就在村鎮和葡萄園安靜下來準備過冬時，森林間熱鬧了起來。狩獵季已開始，在次年元月底獵季結束前，野兔、紅腳鷓鴣或野豬一律安全堪虞。

獵人的一天始於早晨七點左右，每個星期天早上那轟天雷般的第一記槍響，總是讓我們從睡夢中驚醒。獵犬已在狗舍中待了一個夏季，這會兒出得閘來，興奮得嗥叫，增添現場音響效果，而咱家的狗兒跟著助陣，也有所貢獻——如此有鄉村風情的安眠曲一路演唱至午餐時分。可悲的是，偶爾會有一片寂靜的時刻打斷槍火聲。法國通常每年有十餘起狩獵死亡事件，有時會發生兩百多起傷者必須送醫的意外事故。最近有一位獵人沒獵到野兔，子彈反倒射中自己兄弟的腿；還有一位獵人把自己的兒子誤認為鵪鶉。有椿認錯獵物的意外，最不像是真的，有位八十二歲的獵人把兩位散步者當成雉雞，向他們開火。

這些統計數字顯示，每天在林間遛狗的習慣多少有點風險，務必提高警覺。我們在兩條狗兒的頸間繫上厚重耐用、特別響亮的獵鈴，我走在林中時，煞費苦心，盡量製造噪音，好比不時折斷樹枝、對狗兒喊叫和大聲爆粗口。

這一招似乎有效，我難得碰到獵人，記得有一回撞見一位，其人個子不高，穿著一身卡其服，肩上斜揹著子彈帶，上頭豎立著一顆顆子彈，而他看來比我緊張多了。我走向他，他舉起步槍作持槍姿勢，並且向後退一步。

「那些狗安全嗎？」他問，一邊握緊他的槍，又向後退了一步，我的狗則湊過去聞他。我真想告訴他，這兩條狗兒受過訓練，只攻擊帶著武器的人，不過還是克制住這樣講的衝動，請他放心。即使如此，他仍是一副惱怒的模樣，因為我侵入了他自認為受其管轄的區域。

「你來這裡幹嘛？」他對我怒目相向，惡乎乎地搖搖步槍。

「我住在這裡，」我說，「你呢？你住在哪裡？」

這個話題他可不想討論，他踏著重重的腳步，沿著小路走開，心裡搞不好在想，早知道就先開槍再提問。

那年冬天，我欣然發現還有另一種狩獵，比較安靜又安全得多，而且有可能獲取不少利潤。用不著槍和子彈，但是有一項裝備不可或缺：擁有一個靈鼻子、嗅覺敏銳的狗。不過，得是受過訓練的聰明老狗，能夠嗅出一種極其神妙又昂貴的蕈菇並將之掘出土，那就是黑松露。

雖然人們一試再試，可是截至目前，人工種植的松露似乎遠不及天然生長的美味。由於松露想長在哪幾棵樹的根附近，就長在那裡，因此要找到松露極之困難，從而有了松露獵犬、神秘的氣氛和高昂的價格。二〇一四年，有一大顆白松露（可惜產地是義大利）在蘇富比拍賣會場上以超過六萬美元的價格售出，個頭大小較平常的黑松露目前市價為一磅一千美元。值不值得這個價呢？還是說，這不過就等於在吃鈔票？

我們運氣夠好，就住在松露生長的地區，時常能夠以遠低於巴黎的價位向挖到松露的人購買。我們從而得以在冬季一飽口福，不時就品嘗不同做法的松露，好比加進煎歐姆蛋中、刨在義大利麵上面或切片加到燉飯裡。還有一種做法最是放縱，我有位朋友稱之為世間無上美味。你呢，先切下一大片肥鵝肝，放在錫箔紙上，然後在上頭擺松露，進烤箱焗，松露逐浸入融化的肥肝中。略帶土味的松露和那一層油膏似的肥肝，形成絕妙滋味，可能會讓你從此對漢堡敬謝不敏，祝你胃口大開！

5

法國式禮節

在許多不常和法國人相處的人心目中，法國人有著不是那麼讓人愉快的名聲：冷漠、有點敏感易怒，而且絕非會擁抱陌生人的那種人。一如不少常見但子虛烏有的說法，這個看法並不可靠。法國人跟我們其他人一樣有人性，只是他們從小就學會保持禮節，此一習性有時與其說是一種生活教養，不如說它形成障礙。

這種禮節在現代社會太少見了，以致看起來有點古怪。英國從前也有「觀其行而知其人」的說法，以人的行為舉止來判斷一個人，可是這早已是陳年往事，如今取而代之的是草率而不拘禮節的作風。法國則不然，對於就像二十五年前的我們那樣、也是初來乍到的外國人而言，兩種作風之間的差異著實驚人。

我們首先注意到，肢體接觸有其必要。最簡單的形式為男性之間的握手禮，不過這得看是否騰得出一隻手而定。如果手上提著東西，就必須先卸下負擔，這才有辦法握手為禮。倘若實在騰不出手，就改伸手肘；連這個也做不到，最後一個辦法就是舉起小指頭。有時候，我在街上會看到彷彿雜技演員在做暖身動作的情景，外觀不重要，重點是要有肢體接觸。即使是建築工人、園丁和其他因工作而手上有髒汙的人，也會向你伸出手腕——乾淨的手腕——讓你握一握。

女性之間的禮節和男性的一樣重要，只是更複雜一點，因為當中包含了吻頰禮。標準的公式是兩頰各一次，親完一側要換另一側時，當心別撞到鼻子。不過，這是傳統的吻頰禮，如果對方是密友，吻頰的次數就增為三次。艾克斯有龐大的人口是熱情的學生，在那裡，吻頰四次稀鬆平常。

英國訪客以前看到男性彼此吻頰會大驚小怪，這年頭則是眉毛抬也不抬一下。我有位朋友說，他閉上眼來就能分辨出是男士在行吻頰禮，他自稱聽得見兩人的鬍碴發出輕微的摩擦聲。

然而，法國式禮節不單只有親吻而已，對人與人該如何交談亦有所要求。單是「你」這個字，就有細微差別，各有各的規矩。法語中有三個「你」——vous、tu、toi——各自有各自用法。其中vous（您）是最正式的敬語，用於初次會面的人或彼此社會地位不同的人。如果雙方變成朋友，就可以用tu來取代vous，有時為了加強語氣，還可以用toi，好比說Tais-toi——「你閉嘴」。

當然也有例外，最讓我津津樂道的例子是，法國前總統在與妻子幸福結褵四十年，按說雙方早已是老夫老妻後，仍堅持以「您」稱呼她。不過大致說來，一般都按規矩行事，有關bonjour（日安）的規矩更是顛撲不可破，眾人皆小心遵從。

「日安」是極其可貴的法語詞彙，可說是口頭的通關護照，一說出口便令法語世界感到安適。忘了講「bonjour」，會有遭人忽視之虞，或被視為無禮，甚且更糟，被當成自大傲慢的外國人。bonjour也是極少數設有價格的詞彙，巴黎曾有家咖啡館，客人點餐若態度有禮，便可享有折扣：只說「咖啡」，兩塊五歐元；「咖啡」+「日安」，兩歐元；「咖啡」+「日安」和一個微笑，一塊五歐元。餐館侍者也樂於被當成人看待，說聲bonjour是好的起點。

表示禮節的肢體小動作在別處幾已絕跡，這裡卻仍留存。常見有男性一看到女性走進房間便起身致意，還有男性替女性開門，讓女性先行，或在晚餐桌上點選葡萄酒時聽從女性的意見。（但是最後這一項較難見到。）

這些小禮節有用且重要嗎？還是說，不過是昔日悠閒時光的遺緒而已？這些年來，我已習於如此習俗，覺得要是生活中沒有這些小禮節，日子會很難過，因為它們並不是裝模作樣的社交禮儀，而單純在顯示對別人的尊重與體貼。不論你是買一條長棍麵包，還是初次與某人謀面，日常生活都因而更加愉悅。

這一套令人愉快的事態有兩項值得注意的例外：第一項是，法國人一坐上自己的座駕，立刻就變了一個人，待人周到的體貼作風被拋到九霄雲外。

平日態度溫和的男男女女變得沒有耐心，常常很好鬥，不時大揿喇叭，像要自殺似的不斷超車，凡有駕駛人擋了他們的路、搶了寶貴的停車位，或車子開得太慢，他們便大聲叫罵，批評對方不會開車。如果碰到這種事，最好反應就是不要回應，只要直直看著前方就好。

令人惱火，並且有效。

第二項例外是排隊，依我看，問題在於排隊這件事剛出現時，被當成原始且沒有規則的接觸性運動，時至今日，狀況仍沒有什麼改變。女性比男性擅於排隊，她們比較機靈、心腸較硬又堅定，一見有機可乘就強行插隊，大多數男性卻沒有膽量嘗試。

我見多了普羅旺斯家庭主婦的剽悍作風，每一次到英國，看見英國人竟都乖乖地大排長龍，都感到愕然。有一回，我在英國居然見著有位排隊的男士讓位給一位焦急的女性。說到底，英國式禮節也許仍欣欣向榮。

6

龜步學法語

學習法語最好的方法，是有一位法語流利又有耐心的伴侶，沒有的話，就只好盡量靠著常用語手冊、當地報紙、電視，糊裡糊塗地混日子，在郵局和肉店結結巴巴地和人打交道。當然，要是你運氣夠好，能找到一位好老師，就另當別論。有一個星期天上午，此等好運不期然掉到我頭上，那時我正在和麵包師傅交涉，想買一點麵包，還要給珍妮買一個可頌。

「麻煩您，一條長棍麵包和一片可頌。」

就在這時，我聽見身後有聲音在說，「不對，不對。」

我轉過身，看到排在我後面的男士，他身材不高、一頭灰髮，臉上戴著小小的圓框眼鏡，很有力氣地猛搖食指。我想必一臉的一頭霧水，對方遂開口說明。

「可頌不能說一片，是一個。」

「先生，不好意思，我是英國人。」

「哦，是嗎？我會說英語。」他伸出一手，「我姓花利古樂。」

「我姓梅爾。」我們握手為禮，我拿起長棍麵包和那一個可頌，轉過身打算離開，但是花利古樂先生這廂尚未了事。「在外頭等我一下，」他說，「我們一起喝杯咖啡。」他看看錶，「要不，喝杯開胃酒好吧。」

我們就座，花利古樂先生打開話匣子。「我難得有機會跟英國人說英語，」他說，「所以我要善加利用你。」

他說到做到，接下來快一個小時，他以一口帶著迷人腔調的好英語說個不停，偶爾停下來點更多的粉紅酒，或請我確認他用字無誤。他告訴我，他原是本地學校的英文老師，前不久才退休，覺得退休後的生活有點單調乏味。村子裡沒有什麼機會可以讓他與人做知性談話，他對自己成天只能養花蒔草的生活已感到厭煩，「腦子就像肌肉，」他說，「不加以鍛鍊就會衰弱。現在，請告訴我，你用什麼方式來讓你的法語進步？」

我看著他，我想要學法語，眼前就是一位有很多閒暇時間的專業教師，這個決定並不難下。我們同意每週見面，花利古樂先生會整理出他所謂的課程，會有家庭作業。按花利古樂先生的說法，我的法語「將如春花綻放」。我們的酒杯乾了又斟，斟了又乾，我發覺他顯然對本地的葡萄酒知之極詳，他答應要將這知識傳授予我。我非常高興，我不但有了私人教授，還得以拜在一位味覺老練的師傅門下，他將引導我穿越選擇多到讓人困惑的迷魂陣，學習如何品飲葡萄酒、保存葡萄酒，又有哪些酒不喝為妙。

珍妮自己也才剛拜了老師，開心的程度與我不相上下。我倆可以遠離講英語的外僑組成的英語俱樂部，他們那些人死抱著自己的母語不放。我們採取的第一步驟就是，開始跟狗兒講法語。

我和花利古樂剛開始聚會的初期，有一回他問我，有沒有記住他前一星期對我說的話，我有。他告訴我，法語不但既美又詩意盎然且浪漫，在各方面都優於其他語言，而且具有**邏輯性**，對任何語言來說，這可都是讓人叫好的附加優點。形容詞必須和名詞保持協調，動詞必須既精確又靈活。還有，千萬不可忘記語法中的「詞性」極其重要。說到這裡，他舉法國人最愛講的一句話為例，要是「法蘭西萬歲」只講Vive France，那有多單調無聊，倘若加上法國語法中的「詞性」（當然是陰性，這才合乎邏輯），可就生動且優雅多了。

我問他，有沒有什麼官方認證的機構負責訂定詞彙的陰陽性。當有新的詞彙悄悄出現時——好比說，E-mail，是誰決定那個詞彙為陰性或陽性？這屬於政府事務，有哪個部會掌管這類事情嗎？還是說，此事歸法蘭西學院管轄？法國語文的相關事務，一般由學院作最後定奪。

花利古樂堅稱法語完全合乎邏輯，對此說法，我半信半疑。語言隨著大眾使用的方式而演進，時常會忽略邏輯，我想試試看能否找到例子，來測試花利古樂的理論。我翻開辭典，找起不規則的詞性。

半個小時後，我開始覺得他終究並未說錯，邏輯占絕對優勢。就在這時，不經意在辭典中瞧見，在vagabondage（流浪）和va-et-vient（來來往往）之間，赫然是le vagin——明明白白唯雌性動物才有的「陰道」，在此儼然改變心意，變成陽性詞。這當中哪有什麼邏輯？法語不是極度重視詞性必須準確嗎？那麼，為什麼陽具並不是陰性的la pénis？我簡直等不及下星期的聚會了。

花利古樂絲毫不感驚訝，也不認為此一選擇不合邏輯。為了支持他的看法，他洋洋灑灑講了一大篇，說明陰道為何非得是陽性不可，其中包括文法和生物學上的理由。

再過一星期，我又向他提出一個發現。法國有十萬個目前仍通用的詞彙，英國則是十七萬一千四百七十六個。在我看來，英語占了上風，事情卻不然，按花利古樂的說法，法語比英語精妙多了，因此不需要那些多餘的詞彙。他越講越起勁，開始旁徵博引，以法國文學為例。最終，我不得不托辭頭痛，以中等精妙的方式讓他不再往下說。

幸運的是，不乏有其他較無學院氣息的老師，他們的資格容或比不上花利古樂，然而在非學術性的領域中誠然是專家，特別是在肢體語言這一方面。我在咖啡館中注意到，法國人在交談時往往善用肢體，讓我越看越入迷——他們是如何用指頭、手、臂膀、眉毛和聲音效果來強調或澄清談話的內容。在我看來，要學會法語，這是很重要的一部分，而且比學會使用正確的假設語氣動詞有趣多了。

我的頭一位不知情的老師是郵差雷蒙，他每天早上送郵件到我們家，只要不太忙，就會喝杯咖啡、聊聊是非。有一天早上，我給他一封寄往倫敦的信件，問他此信在本週末前能否送抵。他點點頭說，「正常情況下是可以的。」可是我留意到他的一隻手，掌心向下，在腰際部位前後擺動。我問他，這是否表示會有狀況。

「倘若一切順利就不會。」他說，跟著一一細數好幾種會造成延誤的原因，好比說，英國的郵務系統種種不可靠的藉口。所以，抖動的手也可翻譯成「運氣好的話」，甚或是「天曉得」。那是種簡略的表達法，意指「不確定」，在警告聽者不要過於當真。後來，我看到此一無聲詞句成百上千次，往往出現於在和人商量最後期限的時候。

在法國的肢體語言中，鼻子有靈活的功能。用食指點一點鼻子可以表示，說話的人胸有成竹、聽者最好把這一番話當真、這話不足為外人道，凡此種種，不一而足。彎起食指在鼻頭附近前後移動，表示喝醉了（常見於酒吧和咖啡館）。雙手難得有靜止不動的時候，要麼這裡拍拍、那裡捏捏，要不就展開雙手表示懷疑或在空中砍呀劈的，好加強語氣。我呢，在和朋友派屈斯靜靜地聊聊英式橄欖球後，往往覺得肢體簡直疲憊不堪。

接著是最具挑釁意味的手勢，不可亂用以免失禮。它用來表達光是靠口頭語言還嫌不夠強烈的極端怒氣與輕蔑。於是，伸出一隻臂膀，指向讓你厭惡的目標，另一隻揮過來打這隻手臂的二頭肌。這個手勢等同「×你！」常用於交通堵塞時。

最後，還有聳肩。在世人眼中，聳肩曾是典型的法式作風，想當年，在碰到讓法國人聳肩的情況時，英國人會兩手插褲袋，義大利人會一手拍額頭，美國人會打電話找他的律師，德國人呢，則去向總理投訴。可是時至今日，全世界都學會聳肩，不過我依然覺得法國人最擅於此道。法國人聳肩，姿態漂亮又有說服力，你不但看得出箇中意味，甚至幾乎能聽見話聲隨之響起。

7 在艾麗舍宮晚餐

法國人和英國人在彼此謾罵、針鋒相對、交戰好幾百年後，總算決定到此為止，大夥交個朋友的時候到了。這促使英法兩國在一九〇四年四月八日簽訂英法協約，兩國正式展開嶄新且較友好的關係。這協約挺管用的，舉個例子，成百萬上千萬的英國人每年到法國度假，倫敦如今有四十萬名法籍居民。

時至二〇〇四年，協約依然康健有力，當時的法國總統席拉克主辦一場紀念英法協約百年慶的晚宴。不難想像，那可不是稀鬆平常的活動。先不說別的，單是來賓就有兩百人，包括英國女王和王夫菲利普親王，還有工商業巨頭、資深政壇人士、影視舞台明星，以及我本人。

你理所當然會納悶，像我這樣的人怎會與名流顯要平起平坐。依我看，有三個可能的理由。首先，我是英國人，其次，我選擇定居法國，第三個就是，我寫了一本禮讚普羅旺斯生活之樂的書。我是英法協約非常渺小卻活生生的範例。

話雖如此，請帖送到時，我還是大吃一驚。那請帖可真是漂亮，是白色的、厚厚的一大張，上頭有極之高雅的黑色手寫體字跡，請帖頂端赫然寫著我的姓名，好看得讓我簡直要認不出來。我揣想這是總統私人書法家的作品，一筆一劃、一捲一勾都華麗而講究，是那種你在最高面額的鈔票上會看見的筆跡。紙卡的後面貼著一串較公事公辦的說明，請賓客持請帖和身分證件，勿遲於七點四十五分蒞臨聖奧諾雷郊區街五十五號。那是我破天荒頭一遭需帶護照去吃晚飯。

還有衣著建議，倘若你運氣夠好，其中包括制服。連同我在內的其他男士則應著西服，這下子有個小問題了；我仍然擁有一套西服，但是至少有十年沒穿上身。我將西服取出衣套，上下打量。顏色是黑的，很適合晚宴。外套依然合身，但是褲子似乎縮水了，需要花幾小時改褲子，否則我可不敢放心地彎腰或坐下。

了不起的大日子來了，我被引進等候區，賓客都要在那兒等著入列，好一一被引見給東道主。我東張西望，希望能看到名流，卻未能如願。我的周遭淨是氣宇非凡、穿著考究但至少在我看來並不出名的男士，一位女士也見不著。

等候被引見的行列逐漸朝著尊貴的迎賓委員移動，他們是女王和菲利普親王、席拉克總統和夫人。輪到我時，有一位制服男僕高聲唱出我的名字，女王向我問候致意，似乎欣然與我相會，她與人握手成百萬上千萬次了，早已技術精練，握手握得優雅又恰到好處。我同菲利普親王和席拉克夫婦分別握手後，另一位制服男僕領我走開，我有一點點時間可以欣賞一下環境。

一百五十多年以來，艾麗舍宮一直是法蘭西共和國總統的官邸，歷任總統都不吝於裝潢室內，讓它更舒適華麗。枝形吊燈啦，無價的地毯啦，天花板上的壁畫啦，一毛錢也不必省。他們也不苛扣眾多賓客的飲食費，酒食帳單一年約一百萬歐元。

連我在內的兩百位賓主將在寬敞豪華的宴會廳用餐，每一席位前都擺設著好幾只閃亮的水晶酒杯，置備著全套銀餐具，還有更多制服男僕毫不張揚地在現場梭巡。我瞧著好幾百公尺長、餐具擺設齊全的餐桌，深深同情起將負責洗碗盤的廚房團隊。

坐在我對面的，有三位音樂界和電影界人士的臉孔我見過，分別是珍．柏金、夏綠蒂．蘭普琳和克莉絲汀．史考特．湯瑪斯。她們看來挺開心的，說真的，她們看來就像是樂意花一點時間和作家聊聊的仕女。可惜，她們偏偏就坐在寬到不行的大桌子另一邊，距離遠得不便交談。我不得不再度嘗試和分坐我兩側的工商鉅子交談。

在這同時，菜一道道地上，酒一杯杯地斟滿，一切都豐盛而美好地呈現於眼前，不過我在納悶，女王不得不出席無數的宴會，會不會有時候想休息一下，改吃牛排配薯條或一盤義大利麵呢？

晚宴逐漸接近尾聲，我們大快朵頤，致詞都不長且高雅，該想想回家這件事了，然而我這一晚的高潮才正要來臨。

我向最靠近我的制服男僕示意請教方向，很快找到鋪著大理石的男士洗手間。起先像是空無一人，跟著我見到一尊高大的身影向門口走來，菲利普親王就快要以不到兩呎的距離經過我身旁。我們按照紳士們在這種情況下通常有的反應，互相頷首致意，然後他就走了。

我回到座位時，尚未完全回神，注意到我的制服男僕聚精會神地看著我。他走過來，彎腰在我耳邊低語。

「失禮了，先生，您的大門開了。」他低下頭，衝著我的膝上點點頭，我看到他說的沒錯。我忘了拉上褲襠拉鍊，怪不得後來我未再受到邀請。

8 鄉愁已改

經過汰擇的回憶最美，因為我們已經把那些枯燥、令人掃興且不愉快的部分刪除，僅留下染了粉紅色彩的美好篇章，往往不大準確，但通常讓人窩心。追索往事也可能妙不可言，事情真是那樣嗎？我們真的就像那樣？

過去這二十五年來，我們偶爾會不由自主地回到往日時光，將今昔作個比較。多半時候，我們欣然發覺並沒有多少改變；在我們的記憶中很有意思的故人舊識，有些也都還在——如今已是人瑞了，說不定比以前更有意思。

當然，也有不是那麼有利、今不如昔的情形，我們已留意到，小村的咖啡館經常是受害者。由於這些咖啡館通常坐落在村子中央地帶，往往被視為一流據點，應當銷售比啤酒、葡萄酒和一杯杯咖啡更有利可圖的東西。精品店熱潮接管市場，明亮的小店賣著花名更明亮鮮豔的衣物，取代露天咖啡座和燈光黯淡的酒吧。

有時還更糟糕，咖啡館自己決定跟上新潮流，徹底重新裝修。露天咖啡座可能保留下來，但是好端端用了二十五年的褪色柳條椅和金屬框圓桌，被塑膠桌椅取代。這些桌椅的顏色常常很可怕，周遭卻是飽經風霜的石頭村屋，兩者格格不入。咖啡館裡面呢，也是塑膠當道，僅存那布滿滄桑的鋅板大吧台，讓人思及往日。

裝修潢業者也忙著照料地方上的餐館，成果好壞不一。我們早期很喜歡一個迷人的小館子，開在一幢並不張揚的十八世紀建築的中庭裡。那裡鋪著紙桌巾，侍者會在桌巾一角手寫記錄下你點了什麼。菜單並不複雜，菜色每天更換，食物簡單新鮮而美味。葡萄酒單不比一張明信片大，釀酒的都是大廚的熟人。小館太美好了，好景反而不易常存，它也的確沒能撐住。大廚夫婦倆在這辛苦的行業打滾多年，當之無愧地退休了。一大損失，令人難過。

大隊建築工人的到來，讓新業主打算改造其新添物業的計畫初現端倪，工人運走餐館的舊家具——那坐起來吱吱呀呀的舒服椅子和稍微有點不穩的桌子——在中庭的門口貼了告示，以「重新翻修中」這幾個字提出不祥的警告。我們心陡地一沉，不過我倆一向懷抱希望，決定等裝修完成後，再度上門來一探究竟。

剛踏進中庭兩步，便一目瞭然這裝潢花了不少錢。斑駁的石板地貼了拋光磁磚，每張桌上都鋪著厚厚的白桌巾，簇新的刀叉餐具閃亮亮。菜色多了，酒單變得比較稱頭，然而最劇烈的改變要屬侍者領班。繫著圍裙、穿著拖鞋的老闆娘不復得見，如今掌其職的是一位做人圓滑的中年男子，服裝黑白相間——黑褲、黑馬甲背心、黑領結和上漿熨過的白襯衫。他年輕的助手笑容可掬，身上的黑洋裝和挽了髻的一頭金髮都打理得無懈可擊。

椅子好看又舒適，菜也不錯，只是在我們吃來有點太複雜了。大廚一如其不少同業，發現了泡沫，烹煮得宜的食物上頭遂被蓋了一層泡沫。這一餐吃到半途，甚至有道菜除了泡沫以外，別的什麼都沒有，嘗來好似走錯路的餐後點心。總結來說，這是個完美的例子，適足顯示有些餐館應當開在巴黎，而非普羅旺斯。搞不好，這家餐廳真的去了巴黎，因為過了一季，這館子連同其看來神經繃很緊的侍者，都被又一家精品店取代了。

不過，有個最教人喜出望外的改變，彌補了凡此種種小小的失望，那就是，本地的葡萄酒。

我們剛來此地時，在那些自詡精擅美食佳釀之道的訪客心目中，普羅旺斯的葡萄酒評價可不大好，尤其是粉紅酒。他們經過一番深思熟慮，臉上掛著帶有優越感的微笑，提出意見，如下：「普羅旺斯的酒嗎？剛做好就裝進瓶裡，剛裝進瓶裡就給喝掉，剛喝掉就尿出來。」如今要是有人這麼說，會被送去上最基本的品飲課堂，開瓶器還會遭到沒收。

普羅旺斯釀造葡萄酒已有二千六百年歷史，期間有數個時期中斷，有時一中斷就是一百多年，種種規範從而失落。眼下，普羅旺斯葡萄酒是比賽的常勝軍，全世界內行的酒客都不敢小覷。紅酒酒體飽滿又細膩，白葡萄酒爽口，不過要說人氣最突飛猛進的，應是普羅旺斯粉紅酒，箇中可是有非常充分的理由。

首先是外觀，看來賞心悅目，不太白也不太紅，有人頗令人尷尬地用「酡紅」來形容其色澤，想當年粉紅酒的名聲仍相當輕薄時，常常會聽到這樣的說法，那時粉紅酒被當成野餐用酒，供午餐時牛飲，爾後踏著踉蹌的步伐去睡個午覺。

接著是滋味，清新俐落、略帶果味，而且適合搭配很多種食物。既能搭配魚和雞肉，也宜佐沙拉和義大利麵。它味道溫和，不會喧賓奪主，掩蓋菜色的味道，是理想的開胃酒。它也是非常務實的酒，不必在酒窖中呵護珍藏多年才適飲，可以收進冰箱或置於一桶冰塊中冷藏，但是在普羅旺斯，你常會看原本該擱在桶中的冰塊給直接加進酒杯中。換句話說，這是種毫不矯揉造作的葡萄酒。然而，普羅旺斯粉紅酒當今的地位是如何造就而成？

我認為普羅旺斯的農民厥功甚偉，傳統上，小農守著幾畝地的葡萄園，專一心思釀造其父祖輩釀製那種講真工夫的紅酒。我們以前的住家坐落於葡萄園之間，由我們的鄰居老傅負責照管葡萄。每一年，他會開著他的拖拉機來我家，送來兩箱自家產的紅酒，並不是什麼陳年佳釀，我們卻很愛喝。

有一回他送酒來時，我決定向他提出藏在心中已久的問題：他有沒有想過釀造粉紅酒？

他下了他的拖拉機，脫下他破舊的格子呢帽，搔了搔頭，倚在拖拉機巨大的後輪上。「那是海邊的人喝的，」他說，「喝著**好玩的**，我們這裡不喝那個。」就這樣。他對於哪裡找得到本地粉紅酒，沒有任何推薦和建議，但送給我們一瓶自家做的普羅旺斯渣釀白蘭地——他對我表示，保證可讓我胸前長毛。

我們對葡萄酒做的研究，直到次年的夏天才有了重大進展。有兩位朋友在蔚藍海岸盤桓數日，我們邀他們來家裡過一夜，然後再開長途車回倫敦。

「我們帶了點東西來配晚餐。」他們說，一邊遞來半打葡萄酒，我們有好一陣子沒見過形狀如此優美的酒瓶了——細細的瓶頸，線條優雅，瓶中是淡色的粉紅酒。聽朋友說，來自班多爾的奧特（Ott）酒莊。此酒細膩，應予關注，和我們以往喝的那種將就著尚可一喝的粉紅酒迥然不同。朋友說得好：「這是貨真價實的葡萄酒。」

那已是二十多年前的事了。從此以後，奧特酒莊的影響力從海岸擴及到內陸，如今普羅旺斯全境有許多酒莊都釀造一流的粉紅酒。眼下在法國，粉紅酒在餐廳的酒單自成一類。除了普羅旺斯，美國、科西嘉、澳洲、義大利、西班牙甚至英國都生產粉紅酒。前幾年，有人送我中國長城牌粉紅酒，那瓶子我迄今還收著。世界似乎越來越粉紅了，這或許是個小信號，顯示出當人們坐下來吃吃喝喝時，有越來越多的人想吃想喝的，是簡單的美味。

9 天氣在這裡，但願你很美

生命中可以確定的事寥若晨星，這裡有一件：如果你運氣夠好，居住在風景優美、天氣往往也很好的地方，就會有貴客上門來。有些是應邀而至，有些則是不請自來；他們可能既慷慨大方又風趣，對周遭一切欣賞有加，也可能大聲批評種種物價高得嚇人；或熱中於探索環境，或滿足於待在泳池邊看書；可能覺得當地居民人真好，或為他們不會講英語感到不快；可能隨興所至就脫衣曬太陽，也可能情願躲在蔭涼處，避開暑熱；可能為普羅旺斯人種種不傷大雅的奇行妙語而莞爾，也可能為之惱火。這麼多個夏季以來，各種客人我們都見識過了。

貴客光臨的季節在一年之始便展露先聲，往往早在元月分就傳來，其時英國天氣陰沉，加上聖誕假期的暴飲暴食那會兒也出現副作用，林林總總都讓人益發無法抗拒藍天和豔陽的魅力。我們的電話鈴響了。

「只是想起來要給你們打個電話，向你們問個好。希望你們已安然挨過冬天——這裡天氣真是爛透了。」我瞧瞧窗外，一如往常，天色湛藍。

寒暄和場面話說完，來電者言歸正傳。「你們今年夏季有什麼打算？七月時有沒有什麼計畫？」

我們七月沒有任何計畫，從來就沒有。那時天氣太熱，我們做什麼都慢吞吞的，早餐吃當令的美味甜瓜，涼爽的晚間在戶外吃頓長長的晚餐，平時都待在家中。我向對方如此表示。

「哦，好極了。因為我們七月分會開車南下到海邊待兩週，非常樂意順道去拜訪你們，打聲招呼。」

經驗告訴我們，「順道拜訪」這個概念很有彈性，可以小到只是喝杯東西、吃頓午餐，也可能大到留宿數日。不過，那會兒我們對於將上門的貴客種種作為猶然純真無知，來電者未必是摯友，而是相識數載光陰的熟人。我們協議，等他確知日期後，再打電話來知會一聲。

好幾個月過去，我已忘了元月分那通來電，這時電話鈴又響了。

「嗨，我們剛離開里昂，如果路上交通狀況不太差，我們午餐時會到你們家，方便嗎？」

我看了看茹苦含辛已久而始終慈悲為懷的珍妮，她點頭表示同意。她對於貴客懷抱著比較豁達的心態，將他們當成每年必然發生的狀況，就好像暑熱，是夏日的一部分現象。我有一回犯了錯誤，竟說這跟夏天有蚊子是同樣的事，她並不覺得好笑。

剛過下午一點，客人抵達，帶來了說之不盡的可怕故事，內容關乎和瘋狂的法國駕駛人在公路同行有多麼危險。他們天方破曉便駛離橫越海峽的渡輪，一路都在開車，這會又熱又渴。哎喲，他們可真是渴，並且急於打幾通電話回家（那是多年以前尚無手機的時代）。待他們收拾完一瓶粉紅酒、打了電話、游了泳並沖了澡，差不多是下午四點，我們總算可以坐下來吃午餐。

喝咖啡時，我們問他們要去哪裡，將在何處過夜。他們說，海岸一帶吧，等到達海邊時，希望能找到不錯的住處。他們自稱是「隨興」的人。

接下來的事，你想必猜得出來。我們對他們說，七月並不是可以隨興的時節。濱海地區的住處好幾個月以來全部客滿。他們驚愕不已，而這會兒已經五點半了。咱們雙方必得達成一致的意見，就是他們最好在我家留宿，一夜延長為更多夜晚。你說不定會以為，這是個極端的例子，然而這種事情發生過太多次，讓我們對不速而至的貴客多了一點警惕。不過，說句公道話，大多數時候賓主盡歡。

也有迥然不同的訪客，他們行事有條不紊，喜歡事先做好計畫。他們行前會做功課，通常在預定來訪前的數星期便打電話通知，仔細地詢問氣溫、地方慶典日程、該穿什麼衣服以及買不買得到腸胃藥等等。他們往往會周到地問我們，需要他們從英國帶點什麼過來嗎？好比說茶葉、消化餅乾、豬肉腸、單一麥芽蘇格蘭威士忌、哈洛百貨的野餐籃。這些好心的建議讓我們領悟到，定居普羅旺斯多年，我們的口味已徹底改變，在這裡，哈洛百貨的野餐籃就跟八月雪一樣罕見。

做事井井有條的朋友來了，抵達的時間和他們事先的通知相差不過幾分鐘，如此守時的作風為他們這一次來訪定了調。他們的旅遊行程已規畫至最後一天，抵達的頭一天晚上便將全部計畫都告訴我們。要去阿爾（Arles），參觀不同的奇景，好比說，兩千年前的古羅馬船，這艘一百英呎長的古船原本沉沒於隆河河底，被打撈上岸後已修復得美侖美奐；要看一尊凱撒大帝的大理石胸像，它因曾沉於河底兩千年，想當然爾早已光禿禿且滿布皺紋；還要去宏偉的羅馬競技場，那裡有兩萬個座位，建於公元九十年，原是舉辦雙輪戰車大賽和角鬥士競技的場所，如今是鬥牛表演和音樂會的場地——凡此種種，不勝枚舉。

造訪阿爾之後，要去卡瓦雍看「甜瓜節」，有宴席、遊行和卡瑪格駿馬環城路跑，沿線每個角落當然少不了品嘗甜瓜的據點。解決好甜瓜後，傍晚駕車開短短一小段路，翻越呂貝宏山到盧瑪杭參加音樂節，會場在十五世紀的古堡，那裡一整個夏天都舉辦音樂節，表演內容涵蓋古典樂、歌劇和爵士樂。

這份清單到此已經夠累人了，卻還沒完呢。尚有食物節、葡萄酒節、地方上、每週一次的市集、索格河島（L'Isle-sur-la-Sorgue）的古董聚落和跳蚤市場，以及各色各樣的餐館。我們的朋友倘若能完成一半的計畫，事後恐怕需要休個假歇息一下。他們每天早出晚歸，回家時總有一肚子的心得報告。從許多方面來看，他們都是理想的客人。他們熱愛普羅旺斯，白天能夠自娛，晚上則以當日見聞之所得娛樂我們。我們盼望他們再度光臨。

不過，可別誤以為人人對此地之林林總總皆抱持著如此正面的看法，愛挑剔的人亦有用武之地，不信請看我家客人的十大牢騷：

1.「太熱了。」

在這兩個月期間集體休假，而且他們好像每年都選擇南法為度假地。人潮始自巴黎和北法，大夥魚貫上車，加入高速公路上的南下車流，交通堵塞形成的車陣連綿數公里，駕駛人怒氣沖沖，這樣的情況與其說是例外，不如說是常態。度假客總算到達目的地時，焦躁易怒、筋疲力竭，渴望得到安寧。

安寧並不易尋，小村在一年當中有十個月洋溢著慵懶的魅力，此情此景這會兒已全然改觀。街道擁擠，人們爭搶咖啡館的座位。餐館卯足勁應付中午蜂擁而至的人潮，村中的貓咪躲在停泊的車子底盤下，以免遭人踐踏。

對兩條腿的村民來說，夏季的人潮可以帶來豐厚的補償。在這忙亂的期間，咖啡館、餐廳和精品店作兩個月的生意抵得上一年，房東則抬高房租。村中的藥房也是擠得水洩不通，顧客大排長龍，要尋找能醫治曬太多太陽和暴飲暴食的藥方。地方上的畫家兩星期就賣出全部的速寫和繪畫作品。眼觀四面八方，到處一片生意興隆的景象。

然後，是八月最後一個週末了。突如其來，生活幾乎是一瞬間恢復正常。

遊客離開，村子鬆了一口氣，慵懶的魅力回來了。村民又可以在大馬路上佇足閒話家常，用不著擔心會被某個忙於自拍的人撞到。

對我們而言，一年最佳的月分是九月。氣溫降到較舒適的度數，但是仍然暖和得可以下水游泳，傍晚還能坐在戶外用餐。露天咖啡座上、我們鍾愛的餐館裡，總會有一張空桌子。忙了一整個夏季的大自然這時最是豐饒；市場裡堆滿水果、蔬菜和當天早上才採收的萵苣，葡萄生長的情況看來大有可為。一般說來，會有幾個日子天降甘霖，使得灰塵不再彌漫，山丘青翠可人。在某種程度上，感覺起來像是一年中第二個春天。

我們可真是幸運。

10 仲夏夜之樂

一週當中大多數日子，這裡沒有特別之處，不過是老舊的青果合作社，本地生產者從前曾來此販售農產。偌大的空地本來是貨車和拖拉機的停車場，空地邊上有L型的石屋，正是普羅旺斯鄉下地區常見的那種典型輕工業建築，實用、簡單樸素，而且直到晚近都空無人影。如今，多虧高瞻遠矚的地方首長和若干熱中高科技的人士，此地已成為資訊科技中心，名為「數位水果行」（La Fruitière Numérique）。

從五月到十月，每週二晚上，科技讓路給美食，這裡搖身一變為別具一格的夜市。其位置得地利之便，和盧瑪杭村中心只隔了一條馬路，而在呂貝宏地區的村落中，論起風景和人氣，盧瑪杭算數一數二。單僅這一點，便足以招徠人群。遊客也好，居民也好，在驕陽下累了一天，都可以在這裡遠離暑熱，尋得庇蔭，鬆一口氣。這裡有充足的葡萄酒供人解渴，有各種新鮮農產品任君挑選，還可以讓人淺嘗若干較精緻的專業廚藝。

本地大廚每週輪流上場獻藝，通常一旁還有盧瑪杭村長助陣。村長擔任司儀，介紹大廚以及大廚自選的主題，一共有九位廚房英雄暫時從自家餐館脫身，示範幾招看家本領。這星期介紹的可能是烹製完美義大利麵的秘訣，材料有本地小番茄、本地橄欖和本地橄欖油；下星期或許是極其美味的草莓甜點。菜單很長且豐富多樣，引人垂涎又簡單，坐在木頭板凳上的觀眾則看得如痴如醉。

在大廚示範表演前，夜市已熱鬧起來，就在這盛夏的日子裡，有齣非正式的時裝秀已登場，主角是眾多已被曬熟的肉體。女士的熱褲似乎逐週變短，洋裝越來越輕薄透明，各式各樣的帽子爭奇鬥妍，足可令帽商欣喜若狂。前不久，我在一大片巴拿馬草帽中，看見一頂老派軟呢帽、兩頂無簷帽，還有一頂我揣想它應是澳洲闊邊帽，一側帽簷往上折起，就像叢林帽那樣。

男士的衣著形形色色。在時尚光譜的一端，偶爾有年紀漸長的嬉皮，一頭灰髮綁成了馬尾巴（這髮型越來越流行），戴著銀手鍊，身上有刺青。光譜另一端則是巴黎男士，他們脫下精工裁製的西裝行頭，穿上熨得平整的短褲、馬球衫和麂皮便鞋，穿著打扮無懈可擊。大夥摩肩接踵卻一派輕鬆，看不到有人彼此推擠或爭先恐後，人們如此客氣有禮，營造出愉悅可人的氣氛。我極少見到舉止如此良好的人潮，而且人人看來都很開心。

如果早早地在傍晚六點左右就到場，不但可以選個好位置，尚可加以妝點一番。大小不同的錫桌擺放在離食物攤有段距離之處，還有大量的摺疊椅，然而總是再多也不夠，因為往往人比椅子多。做事講究章法的夫婦倆時常採取分工合作策略，丈夫負責占好桌位，守好兩張椅子，看守好一對葡萄酒和兩只酒杯，妻子則走一小段路，到各個攤位採購食物，不時回到桌邊，快速啜口酒，扔下補給品，然後走回攤前，繼續其崇高可貴的任務。

選擇多到讓人眼花撩亂，不過有兩三樣可怕的東西這裡絕對找不到。首先，沒有收縮膜、泡泡紙或任何超市常用的塑膠包裝用品。種植生產者不耍花招，就想讓你看到即將吃下肚的東西。是粗肥的白蘆筍也好，芳香四溢的桃子也好，抑或是一把菾菜，他們為自家的產品感到自豪。農產可供銷售的最後期限是當晚，而農產採割的時間不過在那之前數小時而已。

第二個幸好付之闕如的，是那種帶來危險的車子——超市的推車。沒有遭人側面衝撞或腳丫被壓扁的風險，因為不會有人一邊推著車，一邊淨忙著滑手機，根本不看路，以致撞上了你。我只見過一位仁兄在此採購時以輪子代步，那工具看來像是機械操作的超大溜冰鞋，由一位德國先生駕駛。前輪和後輪之間連著短短一塊平板，駕駛就站在這塊板子上，他以和腰同高的一組把手操縱方向，動力來自無噪音的小引擎。我看著這精巧新奇的玩意無聲地穿梭於人群間，在兩三個攤位前短暫停留，鼓鼓的購物袋吊在把手上，返回駕駛人的桌位前。這一幕情景後來又出現好幾回，從頭到尾安平無事。

至於我們這些完全靠兩條腿的人，到各攤位逛逛，買點東西，需要花費宜人的半個小時以上。愛吃香腸的，可以嘗到好幾樣不同種類的香腸。乳酪有硬有軟，有的大如一個鹹派，也有小個頭的。自家烘焙的美味糕點，每星期推陳出新。有果醬和橄欖油、一大盤又一大盤的各色農產，蔬果和烹飪香藥草俱全，統統剛採摘不久。有些農產光澤亮麗奪目，好比說深紫色的茄子。沒有一樣產品含有防腐劑、人工色素或任何人工添加物，換句話說，沒有人去干擾大自然。

瀏覽一串串蒜頭可想而知會令人口渴，主辦單位準備有解渴良方，夜市有酒吧。小歸小、簡易歸簡易，各色葡萄酒仍一應俱全，可以點單杯，倘若脫水特別嚴重、渴得厲害，也可以點一整瓶。我們在酒吧看到一件事，我敢說出了法國就見不到。一個看來約莫九歲的小女孩，個頭勉強有吧台那麼高，耐心地等著輪到她買酒。她點了兩杯慕思卡白酒，放下一張十歐元鈔票給酒保，其口氣之自信，令我們刮目相看；酒保隨即將兩杯酒交給女孩。我猜想在他看來，小女生不過是另一位顧客，只是個子比大多數客人矮了一點，他問都沒問酒是誰要喝的。我無法想像如此淡定的場景能出現在英國啤酒館或美國酒吧中；在英美兩國，單是讓未成年人接近酒精的想法，便足以引發驚恐、讓人提高警覺。酒保想來明白，小女孩就只是個乖巧聽話的好女兒，兩杯酒是要端給父母喝的。

七點半左右時，夜市看來活像占地遼闊的自助式咖啡簡餐館。大部分人都已完成採購，這會兒該多吃點喝點了。酒當然得有，配上一兩片乳酪、香腸或其他什麼方才在攤上買來的東西。大夥好不快活，白日的暑氣已消散，晚間清涼宜人，沒有人急著離去。說真的，除了及時行樂外，別的事都不急，往往要到晚上九點半左右才會曲終人散，那時有些客人早已將當晚買的飲食吃喝殆盡。沒關係，下星期二還有夜市。

整個晚上都令人愉悅，這可不是什麼苦差事。世上很難找到比這更加文明的買菜方式，而且絕不需要自備開罐器，就能夠大啖自己挑選的食物。

11 午休

我們很快便發覺，在普羅旺斯，午餐可是非同小可的事。地方上的商家中午至下午兩點不營業，業務約會倘若並未包括午餐，極少安排在這個時段，以免與奉獻給腸胃的神聖兩個小時產生衝突。鄉間馬路上的交通流量顯著減少，小餐館、咖啡簡餐館裡坐滿了午休用餐的人。這真是再文明也不過的習俗了。

週末午餐更須慎重以待，特別是在週日，平日的兩小時午休可能延長至三小時以上。週日往往是一家兩三代同堂團聚的日子，我們注意到孩童有多麼守規矩。手邊沒有一兩杯葡萄酒，卻要安靜坐上三小時，並不容易，然而這些孩子卻表現得可圈可點，要麼在看書，要麼更可能是被某種新奇的電子玩意給迷住了。

從以下這一串並不太長的清單中，看得出來我們偏好簡單淳樸，勝於繁複華麗，有太多餐館如今走上浮華風格，這樣才能在帳單上大灌水。有個明顯的信號就是侍者的白手套，另一個則是，侍者以恭敬的語氣低聲描述你方才點的菜以及他剛端到你面前的餐點。這時，他必然也會對盤上的各個品項指指點點，小指頭還勾起。有一回的晚餐令人難忘，我們應兩位朋友之邀在巴黎用餐。整套儀式展開時，四位侍者各端著一盤蓋著圓罩的菜來到桌旁，行禮如儀地將盤子放在我們面前，然後以炫目的手勢同時揭開罩子。可惜，廚房的溝通肯定失靈，因為放在我們四人面前的，都不是自己點的那道菜。隔了一會兒，我們就離開了。

我們偏愛的餐館無論如何都不會發生這種廚藝悲劇。我們好幾年間不時前往，連一只白手套也沒見過。我們看到的是饒富創意的食物，端菜的人親切友善，餐館氣氛輕鬆。有了以上種種，夫復何求？

昂蘇伊的「莊園」（La Closerie, Ansouis）

這家餐館摘下米其林一星後並未改變，這讓我們益發喜愛這裡。店家並未發了瘋似的重新裝潢，並未大幅抬高價格，也沒將一些花裡花稍的菜色加進菜單中，它還是保持一直以來的風格，供應新鮮、味道均衡且品質一貫良好的食物。

其食物和服務終年保持一流水準，有兩個季節，餐館的主廚奧利維耶會讓大自然負責重要的工作。首先是春季，那是蘆筍一年一度千姿百態露面的時節：撒著義大利巴爾馬乾酪粉、加蒜頭一起烤、淋著牛油和巴薩米可黑醋或傳統的油醋汁，還有其他不知多少種深具創意的做法。最好在戶外享用，坐在餐館的露天座位，曬著太陽。

大自然給的第二個獎賞，是年底時方現身的黑松露。松露季始於十一月，至次年二月初終止。這個時節，在我們家附近的林間常可看到松露獵人帶著他們的狗蹲伏於地，設法做出一副只是出門散個步的模樣。我有一回犯了錯，竟口無遮攔地問其中一位先生找到了什麼沒有，他的神情立刻變為義憤填膺的模樣。「松露？」他說，「說我嗎？絕沒有這種事。」即使是他的狗也竭力扮出無辜的樣子。說到底，松露可是世上最昂貴的蕈菇，無論如何都不能讓我這樣的門外漢知道哪裡可能有松露。如果你運氣夠好，居然發現了一顆，請將之切片，加進歐姆蛋捲中，把證據吃下肚。

馬賽的「頗隆」（Peron, Marseille）

馬賽有一千八百三十七家餐館，但是沒有一家看出去的風景比這一家的更壯麗：眼前是一望無際、湛藍的地中海，海面上是費留利群島的四座島嶼，當中最著名的是紫杉堡（Château d'If），人稱基度山伯爵的艾德蒙・唐泰斯曾囚禁於島上的監獄好幾年，後來冒充死屍，逃獄成功（完整故事請閱讀大仲馬的小說）。

風景可能比菜單更出名，然而食物也是數一數二。「頗隆」雖以魚餚著稱，無肉不歡者還是可以找到他們的菲力牛排。不過，錯過現撈鮮魚、大蝦、鑲烏賊和許多附近海域的漁獲，委實是可惜的事。有一道菜尤其能讓你嘗到馬賽的傳統滋味，那就是頗隆的招牌菜——系出名門的地中海魚羹（bouillabaisse）。

這道菜說不定是菜單中唯一應當附上警語的菜色，吃客需要為此打扮，穿上容易清洗的衣著。地中海魚羹可不能秀秀氣氣、小口小口地吃，它既是湯也是燉魚，美味但難以掌控。不知道有多少潔淨的襯衫前襟染上蒜味十足的汙漬，用餐者宜索取兩條餐巾才算明智。

事情應由數百年前說起，馬賽的漁民出海辛苦幹活一天後，飢腸轆轆地返回陸地，需要吃東西充飢。他們將最昂貴的魚種送至市場銷售，至於石狗公、貝類蝦蟹等甲殼類海鮮和刺多肉少的魚，餐廳看不上眼，則挪為他用。這些漁獲被放進大鍋中，加蒜頭和茴香調味。十七世紀時，來自美洲的番茄作出貢獻，在那會兒以前，馬賽人根本不知世上有此果。

地中海魚羹以緩慢但穩定的步伐，逐漸進入餐館和私家廚房，風味越來越精緻。其一路以來添加的佐料有橄欖油、番紅花、百里香、月桂葉和洋蔥，當然還有各種不同的魚。這些材料被轉化為高湯，配上抹了厚厚一層紅椒大蒜醬的麵包上桌。此醬名為rouille，是用橄欖油、蛋黃、番紅花和蒜泥醬打成的美乃滋。

上面講的屬於基本款，還有眾多的變化做法，都很美味，吃相也都很狼狽。請備好一件襯衫供替換。

盧瑪杭的「小站」（Le Comptoir, Lourmarin）

下面要講的是你有時會在普羅旺斯發現的美好驚喜：有主廚的咖啡簡餐館。顧客一早上門來吃早餐，消磨一個上午，看村子慢慢恢復生氣，然後留下來吃午飯，像這樣的事情並不少見。菜單不複雜但菜色時有更替，最前面是各種單片三明治，跟著有主廚的當日特餐，當中往往包括不同種類的現做義大利麵食。

義大利麵固然可口，我個人最愛吃風乾牛肉（bresaola），喜歡這裡的做法。此肉品需用精瘦的牛腰肉製作，經鹽醃、風乾並熟成兩三個月，讓整條肉變硬，然後切成薄得幾乎透明的薄片。「小站」接下來的做法，讓此菜變得不凡。首先，將牛肉片鋪滿整個盤子，加一點點的橄欖油，然後撒上很多義大利乾酪片，盤緣擺上烤過的小馬鈴薯，跟著倒一杯上好的紅酒。第一口肉一入口，席間停止談話，注意力頓時集中於舌尖上的滋味。對我而言，牛肉從來就沒有這麼細膩美味。

可是，午餐還沒結束呢，必須留點肚子給一兩片科西嘉風味的乳酪蛋糕，名為fiadone。其關鍵成分為科西嘉人最愛的brocciu乳酪。將此乳酪加上牛奶、蛋、新鮮檸檬皮絲和少許白蘭地，那滋味會讓你巴不得跳上飛機，直奔科西嘉吃晚餐。

盧瑪杭的「九號」（Le Numéro 9, Lourmarin）

我是最近才發現這家常客皆稱之為「小九」的館子，門面小巧迷人，菜色不多卻很別緻。假如我是店主，會忍不住想拿鎖和鑰匙把大廚關起來，其手藝就有那麼厲害。

小九的店主是兩位笑容可掬的女士，兩人擁有得天獨厚的本領，總能夠不慌不忙、行雲流水般地給客人服務。你想要問一件事情也好，想改點另一瓶酒也好，抑或說想提早點餐後的甜點（這永遠是個好主意），麗絲和派翠西亞兩人中必有一位就在你左右。我懷疑她們腦袋後面長了眼睛。

至於食物，且讓我邀您來看看我們最近一次在那兒吃了什麼，才能說明清楚。

那一餐第一道菜是地中海魚羹，不過並不是在頗隆吃得到的那種傳統做法。這裡的可說是完美的袖珍版，有著原本大盆大碗的繁複滋味，卻不會讓人疲於保持吃相，大可以拿著湯匙吃，不會邊吃邊想自己待會兒得沖個澡。

主菜呢，可以選擇鵪鶉肉鑲包心菜附一片新鮮肥肝，或墊著一層櫛瓜的鮪魚，淋著歷來最可口的醬汁。那是格勒諾勃風味醬汁，材料有焦化牛油、酸豆、麵包丁、歐芹和檸檬，我光是想到這菜就口水直流。

然而，這樣還沒完。我們走到乳酪展示桌的旁邊，挑選一點來配尚未喝乾的葡萄酒，接下來則依循傳統，用其味之美有如來自天上的蘋果薄派，為這一頓可口的餐食畫下句點。那蘋果片切得很薄，以螺旋形排在薄薄的酥皮上，然後塗上牛油、蜂蜜、香草和蘋果白蘭地，成果不但賞心悅目，且以令人難忘的方式結束這一頓令人難忘的午餐。大廚，好樣的！

§

周遊普羅旺斯有一大樂趣，就是置身於數不清的食物節和葡萄酒節，從春天開始直到夏、秋，都有這類節慶。活動不拘形式，氣氛友好宜人，不論你是特別抗拒不了新鮮沙丁魚還是陳年乳酪的誘惑，主辦單位唯一的心願就是要讓人嘗一嘗歡愉的滋味。想當然耳，他們也希望你能買點什麼。為了說服你，他們開發了最靈光的銷售技巧：試吃試喝。你在攤位間逛來逛去，很可能就會吃下兒童分量三道菜式午餐——這裡一片香腸，那裡一片披薩，來一口山羊乳酪，一小塊蘋果塔亦讓人垂涎。如果你一副口渴的樣子，地方酒農手持開瓶器正等著你過來，要端一杯酒請你喝呢。

就算只是在每週市集裡多擺幾個攤位，普羅旺斯大多數村鎮都各有某種食物和葡萄酒的節慶活動。不過，還是有較大型也較像樣且精緻的節慶活動，可供見多識廣的行家賞玩。下面只列出數例。

阿爾的稻米節（Féte du Riz, Arles）

夏季的阿爾是一場漫長的節慶：音樂會、鬥牛表演、遊行、各種巡遊隊伍，甚至角鬥士比賽，然後在九月中會有三天專門用來頌揚稻米的美好。節慶始於「稻米大使」的蒞臨，大使搭著船沿著隆河抵達，揭開稻米節的序幕。接著，就是各種稻米以及許多音樂和娛樂活動的天下了。

穆里耶的綠橄欖節（Féte des Olives Vertes, Mouriès）

在離聖瑞米（Saint-Rémy）不遠的穆里耶村，青嫩的綠橄欖每年都要揚眉吐氣一回。節慶活動在九月的第二個週末舉行，你可以看到在這世上很可能絕無僅有的壓橄欖快手比賽。除此以外，還有別的，想換換口味，不看橄欖了，可以去搶花形帽章比賽。他們將一串串花形帽章掛在公牛頭頂的角上，英勇的搶章手（穿著一身白的小伙子）個個想方設法，要在不被牴傷的情況下，自牛角摘下帽章。其方法或許就是，一手抓著壓裂的橄欖來分散牛的注意力。

奧普的松露節（Féte des Truffes, Aups）

每一年元月的第四個週日，奧普村中便瀰漫著獨特又昂貴的香氣，提醒了眾人，這一天可是一年一度的松露節，平時守口如瓶的松露獵人會讓大家看個兩眼，瞧瞧其行當的秘訣。有獵松露示範表演——如何嗅、怎麼挖，最後發現松露；還有松露犬競賽，比賽哪隻狗鼻子最靈。松露市集當然也是一定會有。村裡的餐館一律推出松露菜餚，對於松露控而言，真是暴食的天堂。

§

還有其他許多規模和場面不同的節慶，如果熱愛參加節慶活動，一年當中大部分時候都有機會去湊湊熱鬧。底下是一些例子：

芒通（Menton）——二、三月，檸檬大放異采。

弗納斯克（Venasque）——六月初，櫻桃。
卡瓦雍——六、七月，妙不可言的甜瓜。
皮奧朗克（Piolenc）——八月下旬，蒜頭。
拉斯托（Rasteau）——十一月初，巧克力和葡萄酒。

幾乎是每一處，差不多是任何一段時間，在路邊都會有告示牌和海報公告著各色葡萄酒的活動。

這份名單雖然簡短，仍可佐證一個普遍的信念——不論你在普羅旺斯的哪個角落，都絕對不會挨餓。

12 盡在書中

寫了一本還受歡迎的書後，有個後果是始料未及的，那就是媒體記者突然對你生活中與文學無關的層面展現興趣。拿我的例子來說，各種各樣的事情好像都令他們興味盎然：早餐吃什麼；是否想念英國生活中讓人摯愛的事物，比方泡得恰到好處的紅茶、氣候、板球；是否還有英國朋友；以及林林總總和書與寫作無關的事情。有一回，我問一位記者為什麼覺得有必要談這些話題。「讀者喜歡背後的故事，」他說，一邊煞有智慧地點點頭。「好的——說到您家中的狗兒，養了多少年了？」

過去這二十五年來，我坐下來接受訪談已有成百上千次。大多數時候是在巡迴各地舉辦簽書會期間受訪，常是電視訪談，節目的進行可真是井然有序，每一片段的時間，哪怕只有六分鐘，都算得精準。那短短幾分鐘非常客觀、不講人情，因為主持人一提出問題，而且鏡頭不再對著他時，其注意力便遊走至他方。他會衝著製作人比手勢，看她以什麼手勢回應，就我看來，兩人正在商量要去哪裡吃午餐。我常覺得我在自言自語。

當然，平面媒體訪談很不一樣。換成跟人談話，而非對著黑色的鏡頭講話，是愉快的事。一如度假的遊客，每到五、六月，記者便開始陸續到訪，八月時人數達到高峰，冬季則不見人影。有兩三位指出，我並不是嚴肅的新聞題材，卻給了他們從平日採訪任務中欣然脫身、放鬆一下的機會。有一位在喝了第二杯粉紅酒後說，「如果你可二選一，一個是在西敏寺陰暗潮濕的角落，聽政客嘀咕著他的待議事項，另一個是來普羅旺斯幾天，你會選哪一個？」他非常直白，但是我猜他道出了許多同業的心聲。

替什麼報刊工作，顯然會影響到記者提出什麼問題。一般稱之為「大眾媒體」（名流八卦、足球、美女畫報、短訊新聞）的記者會問我有沒有讀者是名人，或有沒有名人鄰居。有一次，他們聽說黛安娜王妃在普羅旺斯的聖瑞米有房產，除了她以外，那些年頭，住在普羅旺斯的名流幾乎全是法國人，這往往會令提問者輕輕地噘個嘴，注意力則明顯減少。在回答接下來一個問題時，我不得不承認，我從未現場看過本地的馬賽奧林匹克足球隊比賽，訪問者失望之情溢於言表，一時想不出還有什麼有實效的話題可以討論。僅存的就只有我的新書，而大多數記者忙得沒空讀讀看。

接下來是美食記者，他們有備而來，要點評我寫過的餐廳和所有可以吃的東西。雙方有共同感到興趣的話題可聊，讓我鬆了一口氣，我們當然必須一邊享用午餐一邊進行訪談，邊吃邊談，賓主盡歡。就算我是被押著進廚房向大廚致意，也覺得非常愉快。

旁觀英國記者的來訪對餐館大廚和業主造成的影響，是很有意思的事情。我們去的這些地方，遠遠不是圖謀摘下另一顆米其林星的精緻餐廳，而是我們時常光臨的簡樸鄉村館子。有記者遠道自英國而來，品嘗這些廚師的手藝，讓他們受寵若驚、大受感動。直到現在，我到那兒用餐，餐後仍常會獲贈一杯渣釀白蘭地，感謝我為他們帶來更多英國顧客。

有一次的經驗則非常獨特，有位來自薩里郡一家郊區小報社的體育編輯來訪，薩里郡離倫敦不遠，是富庶地區。他採訪的主題反映其泰半為優裕中產階級讀者所偏好的運動項目——高爾夫球（當然）、網球和那令人肅然起敬的草地滾球。玩滾球的草地球場一片青蔥，修剪得完美無瑕，玩球的紳士淑女個個穿得一身白，這項運動和足球相去何止以道里計。

這位體育編輯來到法國南部評估高爾夫球場，聽說法國式的滾球，也就是boules在普羅旺斯十分風行。他感覺可以為報社寫個獨家體育報導，決定離開蔚藍海岸，北上調查採訪一番。我對他知無不言，言無不盡：法式滾球是普羅旺斯的發明，此地稱之為pétanque（來自南法方言中petanca一詞，意即雙足固定不動或在地上扎根了），並就我所知，向他說明規則。這樣並不夠，他想看一場比賽。我們說好當天傍晚在附近的村子碰頭，我想那裡可能會有人玩滾球。

凡是像樣的滾球場地，旁邊絕對少不了咖啡館兼酒吧，球員累了可以吃喝點什麼好恢復精神，觀球者則可以舒服地坐在露天咖啡座上，看好戲上場。此一傳統可追溯至二十世紀初，它給這項球戲增添了不少人氣。

我們到達時，薩雷郡的記者看到球賽的場地大驚失色，那是塊長方形的空地，不是平坦的泥土地，就是碎石子地。「他們就在那上面比賽？」他說，一副不敢置信的樣子，「這樣要怎麼估算球的路徑？」比賽在我們眼前展開，讓我不必費事回答，他即刻見到法式滾球需要的技巧迥異於在光潔的薩雷草地上打球。

隨著賽事的進行，他越來越覺得有趣。他津津有味地看著球員以優雅的動作擲球，球以圓弧般的路徑滾了好遠，而當敵方的球落得離色球太近時，他們又能以驚人的準頭將敵球撞開。太有看頭了。

我將好酒沉甕底，直到最後才跟他說，根據傳統，如果比數是十三比零，輸的人必須親吻酒吧女侍的屁股。「哎呀我的天！」他說，「薩雷可不會有這種事。」

英國媒體的採訪報導帶來的另一結果是，我開始收到讀者來信，有成百上千封，我統統留著。大多數讀者是要告訴我有多麼喜歡這本書，這真讓人窩心。不過有幾位讀者憤憤不平、怒氣沖沖但並不明確地在信中指責我將毀掉普羅旺斯。我回信問道，我是做了什麼會毀掉這裡，唯一值得保存的答覆是：「威爾特郡每間廁所都有你那本討厭的書。」

這段話很難不讓人發噱，還有幾個不是那麼有畫面感的指責，我努力認真看待，卻發覺來信內容相當無知。好比說，我回信給一位批評者，對方承認說，他五年來只到過普羅旺斯兩次，一共待了十天。縱使如此，他還是知道我在毀壞普羅旺斯，因為他鍾愛的那家咖啡館咖啡漲價了一毛。

在所有的讀者來函中，只有一封著實令人不悅，來信者說我寫的都是胡扯的蠢話。這還是信中一串辱罵中最客氣的一句，他在信尾告訴我，附上一張二十法郎的鈔票，因為他確信我無法當作家掙錢。此信的語氣足以令我想要回覆，而來信者錯用印有其地址的信紙。我恐怕是忍不住不回，就用那張二十法郎鈔票包了一顆栓劑寄回去，我從此再也沒聽過此人消息。

我很喜歡的一封信來自一位男士，他跟我一樣，生活有了巨大的改變。信函寫於英國著名的布羅德莫監獄的牢房，來信者說，閱讀我的書讓他有如得到一日的緩刑。他在信尾寫了兩句讓人放心的話：「不是什麼大不了的事，很快就可以出去。」

往往還有人不寫信而親自造訪。來度假的讀者會駕著車、騎著自行車甚至徒步來到我家門前，想要花半個小時消遣一下。說真的，有時對我也是頗愉快的消遣，這讓我有機會離開打字機前，不必再跟字母搏鬥，在常被翻閱的一兩本書上簽名。再轉回頭去幹活時，我的精神受到很大的鼓舞，滿意的讀者的一兩句美言，最是美妙。

有一次的採訪我依然銘記在心，採訪者是位嚴肅的年輕人，他提出一大堆別人從未問過的問題。我父親從事哪一行？我上過什麼學校？我有沒有子女？這些問題令我摸不著頭腦，因為跟普羅旺斯八竿子打不著邊，最後我忍不住問這位記者，這篇訪談會在哪裡刊登。

「咦，他們沒有告訴您嗎？」他說，「我們在準備您的訃聞。」

13 適合生病的好地方

在不幸忍受過英國貴族中學教育的男士間，曾有一個普遍流傳的說法：只要沒有斷了條腿，不管是什麼病，吃兩粒阿司匹靈，洗個冷水澡就會好；唯有軟腳蝦才會自怨自艾、發牢騷，要堅忍承受痛苦和病症，才值得欽佩。

數年前，這種情況開始有了改變，這些學習殿堂開始招收女生，影響所及，硬漢作風遂柔和起來，可是對於我們這些在古老艱困時代受教育的人來講，古老的往事和各種侮辱之詞歷歷在目。其中有一個特別令我刻骨銘心：據說法國充斥著憂病者患者。從來沒有人對我們說明或向我們證明此一說法，大概是因為我們誰也沒去過法國，誰也不認得一個法國人，可是此說讓人忘不了，它令我們自我感覺更富男子氣概而且高人一等。

最早幾次造訪法國，似乎證實法國人的確比英國男學生在意健康問題許多。這裡藥房較多，裡頭設有座位，方便顧客坐下等候輪到自己。等待時間往往很長，因為每位顧客都需要向藥師請教，而不是買了藥就走。藥師仔細打量處方單，雙方討論一番。一包包止痛藥、助消化劑、疝氣帶、眼藥水、滴鼻液和瀉藥擺在櫃台上，一一排好，讓人得以好好考慮一下。當一切要事總算作了決定，顧客會拿著一只鼓鼓的塑膠袋走出藥房，那袋中的藥可以讓他至少再保持健康一個星期。

法國對這一套儀式奉行不悖，他們早已習慣。但是對可憐又無知的外國人來說，這整件事有點教人望而生畏。我仍記得我頭一回去藥房購物的情景，我進去是為了買一管牙膏，我找到牙膏，在寥寥無幾的空位中找了一個，就座等候，而我等了又等。

最後，好不容易輪到我，我抓著我的牙膏走向櫃台，藥師將它擺在一邊，跟我索取處方單。

「買牙膏要用的嗎？」

「不是，是你要的其他藥物的處方。」

「我就只買這個。」

「啊，什麼？」他驚訝得揚了揚眉毛，「好奇怪。」然後極其鄭重其事地將我的牙膏放進紙袋中，仔細地將袋口往下摺好，黏上透明膠帶，以浮誇的手勢把袋子交給我。

那一回的藥房體驗讓我對法國人與他們自保自衛的心態大感好奇，開始更密切注意這個顯然內容豐富又時常令人意外的課題。首先，我很快就認識到，禮貌地問候一位法國人的健康狀況會有什麼後果：如果你問他身體還好嗎，他會鉅細靡遺地從他下背部的問題一路講到他的肝臟在作怪、大腳趾生關節炎。你要是不夠小心，他還會說到他排便有多不正常。對方津津樂道地說明病情的新進展，好似這些統統是前所未有的疑難雜症。你要是想打斷談話，對方會置之不理，你只能做出同情的表情，希望這位朋友不會再有什麼病情好講。

有一個流傳甚廣的故事說，有一天早上，兩位老先生在村裡的咖啡館聊天。

「你今天有什麼打算？」第一位先生問道。

「哦，我大半個上午得看醫生。」

「我也去好嗎？」

這段談話八成是真有其事，法國人對醫療事務的確有興趣。醫院診所的候診室常備有各種報刊，我注意到最受歡迎的並不是名人或足球雜誌，而是有關健康的刊物。候診的病人埋首閱讀外科手術新進展的消息，常常順手撕下一頁痔瘡或心房顫動療法有了突破的報導。

人們並不只在意自己體內的功能，別人的問題同樣引起興趣。我們有一位朋友從自行車上摔下，跌斷腳踝，他腳上的石膏和他的拐杖使他成為村子裡的小名人，對他提問的人數之多，讓他簡直想開記者會做報告。說句公道話，他得到的關注完全是同情心使然，沒有人流露一絲批評的語氣，說什麼他常常在喝了幾杯啤酒後還騎鐵馬，或他老愛在飽食一頓午餐後騎車上凡度山攻頂。提問的人反而祝願他安好，還問他傷口有沒有留下好看的疤痕。

與死神擦肩而過後留下的最醒目紀念品，當然就是傷疤。不過，疤痕可不是唯一能夠勾起強烈興趣的話題，症狀緊追其後。後者還多了一個長處，咱們大夥不時都會有某種症狀，這使得我們得以加入談話。

多年以前，我坐在咖啡館中，鄰桌好幾位老先生的舉止吸引我的注意力。他們並沒有在打撲克牌，而是熱切地在討論什麼。他們不時停下來，有位老先生捲起襯衫袖子，讓同桌能更清楚地打量他的臂膀；坐在他旁邊的先生將一隻褲腳往上捲起。他們一個接一個，按摩按摩腦袋，揉揉脖子，伸長舌頭，接著輪到肋部和肩膀。每當有一位在做這些動作，其他人都專心地看著，一邊提問，有時摸一摸或碰一碰那位先生正在展示的器官，每一位都露出神往的表情，彷彿這輩子沒遇過這種讓人著迷的事。

過了一星期，他們又來咖啡館，同樣一批老人家，病恙有如戰時的傷痕，還是在那裡。我觀賞第二集演出，和第一集很像，於是明白這群老人專注於探討病症的表象和進展，熱心追蹤剛出現的疼痛，監控身體痛苦的程度——在這同時，喝下一瓶又一瓶讓人保健的粉紅酒。

令人難過的是，隔了數年，我重返這家咖啡館，卻沒見著那些熱中於症狀話題的老先生，我向咖啡館老闆打聽他們的下落，他搖搖頭，聳聳肩，伸出食指劃過頸間，R. I. P.。

那以後，我看過的保健談話會，規模都比較小，兩個人或為醫師的處方大聲爭論，或展示自己的身體最近有哪裡變靈活——其中一例最富熱心公益精神，我有位朋友前不久可以扔掉T形拐杖，就把它捐給咖啡館，供不小心在吧台前喝多了點的顧客緊急使用。不論如何，我都感覺到，法國人很樂於和全世界分享其健康近況。

我個人在法國公共衛生體系中的體驗，大致上非常良好。我們的醫師是位女士，既迷人又不吝於助人，開起藥方慷慨到令人難為情。專科醫師非常優秀，行事有條不紊。藥劑師訓練有素，很有見識。說到專業的醫療，法國的水準在全球肯定名列前茅。在醫療過程中，有時還會有令人意外的錦上添花之舉，前不久我就遇上了。

醫師女士先是建議，跟著勸告，末了堅持我接受一項小手術。「你的心臟在呢喃，」她說，「它在跟你說，快去醫院。幸好，我認得一位專管心臟的傑出醫師。」不到四十八小時，她打電話給我，下達開拔令。

我在醫院接受那些不得不做的檢查後，被送去看外科醫師，大夫是位年輕人，態度溫和，讓人安心，他問我有沒有什麼不良習慣，好比吸食尼古丁或古柯鹼。這兩點他可以放心，不過我必須承認長期以來都愛喝紅、白、粉紅各色葡萄酒。他置之不理，「那很正常。」他說。這位大夫顯然與我心有戚戚焉。

重要的日子來了，我被送入病房，醫師已在那裡等候，要和我打聲招呼。他告訴我，在辦大事以前，還需要進行一項小小的預備步驟，我們待會兒在手術室見。他隨即離開，讓我換上上午的行頭。

不知道是誰發明醫院的病人袍，很難想像有比它更讓人難為情的衣裝。質料是很薄的棉布，從頸部到我想應該是袍子後面的摺邊有長長的一條縫。我穿上袍子，即刻發覺我只要一動，那條縫就會裂開，我裸露的後背和臀部於焉一覽無遺。我努力想要找到什麼方法，能讓我一邊保持些微尊嚴，一邊走到手術室。這時，有人來敲門。

是位小姐，年輕的小姐，手捧金屬小托盤。「得剃鬍鬚。」她咧嘴笑著說。這可讓我丈二金剛摸不著頭腦，我從未蓄鬍。這位小姐將托盤放在床頭桌上，我看到上面有電動刮鬍刀、一塊布和一小罐我猜是鬍後膏的東西。

「請仰臥在床上。」她說。我躺下，她輕手輕腳，以非常準確的動作將我的袍子向上拉至腰際，這時我才後知後覺地了解到，她要剃的是恥毛，這可是我生平頭一遭。

「雙腳請不要交叉，請放鬆。」

她小心地開始工作，我得說，我並沒有感覺到有任何不適。她完工，往後坐好，檢查成果。

「好了，」她又咧嘴而笑，一邊替我拂去毛屑，「您看起來年輕了十歲。」

14 村落的脈搏

工作時間如此嚴苛，你一大早六點就得起床，難得在晚上十點前便可收工。在這漫長的一天，你得供應各種飲食，偶爾負責行李暫存服務，充當非正式通信中心，還有最重要的是，展露無窮的耐心以及善於聆聽的耳朵。換句話說，你是村莊咖啡館的老闆。

咖啡館不只是可以迅速喝杯咖啡或喝點酒的地方而已，說實在的，咖啡館是很有用處且最文明的折衷方案，比暫棲在酒吧高腳椅舒服，比坐在餐廳桌旁隨興不拘束，對基於不同理由而落單的顧客來說，它是最宜人的目的地。獨自一人坐在餐廳裡，有違人性；人不是靠著獨自吃東西而活。獨自一人坐在生意興隆的咖啡館中，常常會發覺自己有好幾位同伴，他們因著各種緣故，偏好單人座位帶來人的若即若離孤獨感。

你坐在露天咖啡座上，不遠處有位男士，其形影幾乎是法國每一家鄉村咖啡館必有的情景。他是位常客，帶著報紙，坐在露天咖啡座靠後面的固定桌位旁，從那裡看出去，任何人都躲不過他的慧眼。他不需要開口點東西，因為每天點的東西都一樣。看到認識的人，他會點頭為禮，然後繼續看他的報紙。他可能坐上半個小時，也可能待大半個上午。從來不會有人來打擾他，問他要不要點什麼飲料，這個也是老樣子。如果他到了上午十一點還沒走，店家會端給他茴香酒和一小碟橄欖。

一整個上午端給他的，絕對不僅僅如此。雖然這位常客看來一副懶洋洋，幾乎昏昏欲睡的樣子，他可是很渴望了解周遭的狀況，熱中於傾聽當日的八卦閒談。就我想到的一個例子而言，負責提供八卦的是地方上咖啡館的老闆娘蘿荷，她守在吧台後的有利位置，一大早就接收到各方動態。她會走出吧台，根據每位常客的興趣喜好，迅速傳遞消息，有村中詐欺案件的最新進展、關於郵差香豔新緋聞的傳言、村公所的權力鬥爭、大廚的狗兒在餐廳廚房裡生了六隻小狗——每天都有新鮮事，收聽新聞的最佳途徑，莫過於透過蘿荷的報導，她是村子獨有的CNN。在這同時，鄰桌感受不了熱鬧的遊客，兀自彼此恭喜說，這村子真是一片祥和又安寧無事，能來到這裡真是太好了。

形形色色的新來客打擾了這份寧靜，其中最五彩繽紛的，莫過於剛完成自家「環法自行車大賽」的一群難民了，這批鐵馬客這會兒迫切需要冰涼的啤酒，喝完了才好攻向另一座山頭。這群人個個穿戴著輕量防撞頭盔、鮮黃色車衣、緊身黑短衣，打扮一如專業自行車手。他們噹噹啷啷地停好流線型的鐵馬，擦了擦熱燙的額頭，大口灌下第一杯啤酒，速度之快，女侍還來不及走進咖啡館室內，他們便又呼喚著請她再送來一杯。

此時，露天咖啡座已越來越熱鬧，本地人打趣說，座上客儼然有如夏季的國際聯盟：英國人、德國人和荷蘭人來此逃避北國灰暗陰冷夏日；巴黎人來瞧瞧南半邊的鄉親如何生活。近年來還有守秩序的日本和華人團客，你在大街上可以看見這一群人，他們乖巧地並肩而行，成雙成對地在街上游蕩，安靜地交談——說真的，他們是如此安靜，有些咖啡館常客不由得納悶，地球的另一邊真有喧嘩的人嗎？

村裡一整個上午熙來攘往，然後街道突然變得比較安靜，咖啡館坐滿吃午餐的客人。聊天的聲浪變大了，女侍展現出魔法般的平衡感，穿梭在桌間，拖盤上擺滿了酒瓶、玻璃杯和一盤盤的本日特餐，還有在室內烤肉爐上烹調得出來的任何菜色。有道受人喜愛的菜叫figatelli，是科西嘉風味的豬肉香腸，多汁又美味，配上一大顆烤馬鈴薯一起吃，保證讓你整個下午肚子都不會餓。

到了三點左右，咖啡館的露天座位恢復昏昏欲睡、人潮稀落的狀態，有些客人回家睡午覺了，有些則去清涼的泳池中泡泡水。咖啡館的女侍鬆了一口氣，蘿荷呢，總算可以吃一頓遲來的午餐。

午後時光容或清靜，然而這也是若干高度私人活動活躍的好時光，蘿荷搖身一變為專門為人解決困擾的一人諮詢中心。讓人煩惱的問題各式各樣，不一而足：鄰居之間的糾紛、有欠考慮的風流韻事、貪得無厭的銀行經理、不用心的醫師、有青少年創傷的兒子、努力適應轉大人初期階段的女兒，當然還有法國人熱愛討論的小病小痛。問題無分大小，蘿荷一律專心傾聽，如果對方要她給意見，她就給。不過，此一服務的重點絕不只是聽取意見而已。此類諮詢最大的好處是，有人支持與聆聽，讓面臨難題的人得到安慰。這跟去看精神科醫師沒什麼兩樣，只是你拿到的會是一杯葡萄酒，而不是一張帳單。

在普羅旺斯，悶熱忙亂的夏季和寧靜、嚴寒、幾近空無一人的冬季，有著天壤之別。對於咖啡館的人事主管來說，這是一年一度都得面對的問題，而這位主管又正是蘿荷本人。冬季時節，當丈夫不必忙著修剪葡萄藤時，單靠著他伸出援手，加上簡直有如珍寶的安妮，店裡就忙得過來。安妮是本地姑娘，多年前才十幾歲時就來咖啡館工作到現在。不過，到了夏季，人力便顯得不足，需要多四、五位幫手來應付人潮。

幸好，一直都有許多學生想一邊打工一邊度假，好掙點零用錢。旺季時分，端咖啡給你的少女其實即將取得應用物理學位，並不是罕見的事。然而，雖然這些夏日人力樂於打工，對於咖啡館運作的重要步驟，他們尚有很大的學習空間。於是，安妮益發顯得彌足珍貴，這時露天座位有一部分區域就變成她的課堂，她會將多年來端盤子的經驗傳授給晚輩。她的課程緊湊，拿出士官長般的本領，慧眼觀察著種種細節。

夏季時分，她每天第一件事就是檢閱其兼職團隊。指甲和衣服是否清潔？醒目的刺青是否遮好？微露乳溝有助事業，但是還是要有點分寸。基本檢查完畢後，可以開始進行上午的工作。一切都逃不出安妮的法眼，假如有桌子隔太久沒收拾，她會朝著怠忽職守的女侍甩個頭，點出問題，要是問題迅速解決，則點點頭表示鼓勵。假如村中有條狗經過時，決定給某張無人座位的椅腳施水灌溉一下，安妮會下達指令，派人立刻取來拖把和水桶。假如有粗心的客人忘了帶走購物袋，她會派腳程最快的女侍追趕過去，把整袋東西還給人家。總是有什麼得留心，才能確保每天來店的眾多客人能夠在咖啡館享有心曠神怡的時光，安妮的職責就是要確定每件事情都辨得正確無誤，如同牧羊犬看管不聽話的羊群那般，緊盯著她手下的女侍不放。

教人難過的是，在法國別處，咖啡館數目漸漸減少，這是由於速食業擴張，加上習慣改變之故。舉例來說，有個明顯的危險就是，有朝一日，手機將取代面對面的交談，科西嘉豬肉香腸將讓位給巨無霸漢堡。不過，眼下至少在普羅旺斯，傳統咖啡館仍安全無虞，我想在法國鄉間其他地方應也如此，願此情此景常留。倘若此一獨特又宜人的習俗步上許多先例的後塵，也淪為現代生活的受害者，那會是讓人悲哀的損失。

15 隨手拍

吾妻珍妮是不懈的攝影者，對古怪的題材獨具慧眼。我們在普羅旺斯定居這些年以來，家中小至鞋盒、大至特大號厚紙箱，都已塞滿她拍的照片，以下這幾頁刊登的，是其中非常小的一部分。這些照並非擺拍、未經修片，通常是匆忙中拍下，按她自己的說法，絕對無法和專業攝影家修圖精美的作品比拚。它們是她對瞬間的時光和回憶的非正式紀錄，是普羅旺斯鄉間日常生活的浮光掠影。我希望她永遠不要停止攝影。

家有芳鄰

我家上方的森林中有野豬充任前衛，夏天時，牠們會下坡來找水喝，且已發覺我們有泳池。事情尚未發生，不過遲早有一天，我們會發現其中一頭野豬悠哉遊哉地泡在淺水池中。

野豬生活不易，這也是牠應得的撫慰吧。

夏季時，野豬得走大老遠才能找到水來喝，冬季則得時刻提防帶著狗和槍的獵人。儘管如此，野豬似乎對人類並無惡意，寧可躲得遠遠的也不要惹人討厭。家有如此芳鄰，夫復何言。

大蒜精品店

在普羅旺斯，單是栽種好吃的東西並不夠，尚需好好展示一番，才配得上美味，而大蒜就是秀色可餐的好例子。按吾友花利古樂先生的說法，大蒜是「大自然的珠寶」，在他比較沒有詩意的時候，則是「臭玫瑰」。

你在此地看到的大蒜是一球球的，每一球裡面有用於烹飪的蒜瓣。按大蒜種類的不同，有的一球有六瓣，有的多達三十瓣以上，不一而足。蒜的味道濃烈強勁，大家都知道吃了大蒜以後，口中的蒜味會持久不散。但是或許少有人曉得，大蒜非常有益，它含有維生素C、維生素B_1、維生素B_6、鈣、鐵和鉀等保健元素。擁有好手藝的廚師用大蒜調味，做出好吃的食物。據說，大蒜對男性的性驅力有**不好說**的功效。臭玫瑰挺厲害的。

普羅旺斯式花田

行駛在普羅旺斯偏僻的鄉間道路上有一大樂趣，一年中大部分時光都可以見到大自然的美景。即使在深冬，一行行光禿禿的葡萄藤彷彿一望無際，許諾著更青翠繁茂的未來。春天來的時候，原本平坦空曠的田野幾乎是一夕之間鋪上綠茸茸的地毯，樹木長出嫩葉新芽，深紅色的罌粟花潑撒了一地，冬季時分灰黃無生氣的薰衣草叢，開始出現隱約的顏色，到了仲夏便會盛放出美麗的色彩。

不過，什麼都比不上向日葵到來時那幅壯麗得幾近驚人的畫面，一大片又一大片淨是鮮黃色的花朵，這樣的景色曾讓梵谷迅速取出他的畫筆。然而向日葵不僅長得美，數年前我聽一位名叫哲侯姆的智慧老農說，他只消看看向日葵田，就能告訴我現在大約幾點鐘。向日葵清早時分頭朝著東方，接下來一天會隨著太陽西移逐漸轉向。這叫做「追日」，又稱「趨光性」，或者按哲侯姆的說法，是「神蹟」。

小不點訪客

這張照片記錄了這隻紅胸知更鳥飲食口味的轉捩點——那天早上牠捨平日

的蟲蟲早餐不吃，改嘗嘗珍妮的玉米片。

挖金子

松露獵人聚會時，談話往往會轉移到那永恆的命題：誰更善於嗅覺——是豬還是狗？擁豬派深信，在找尋松露這件事上頭，豬鼻子比狗鼻子更靈，隔著大老遠就能聞到那獨特的氣味。擁狗派則說，胡說八道，訓練合宜的優秀獵犬每一次都可以嗅贏豬。

我們的朋友瑞吉，也就是照片中這位努力工作的仁兄，堅信他名喚飛力的狗兒擁有普羅旺斯最靈的鼻子，每年冬天都可以為他賺到一小筆財富。二〇一六年時，優質松露一磅要一千兩百美元，像飛力這樣的狗因之非常寶貴，牠那一季可以掙幾千美元。瑞吉甚至考慮過要讓飛力在夏季配種，後來決定還是不要，他怕飛力搞不好從此滿腦子遐思，影響到牠的嗅覺。

採收葡萄的必要設備

在普羅旺斯農家的儲藏庫中，這一項物品或許是最別致好看的農具。從九月初起，各式各樣的大遮陽傘紛紛出籠，夏季時逐漸成長茁壯的葡萄這時已成熟，可以釀酒了。採收葡萄的活兒既緩慢又讓人汗流浹背，農家曾試過用機械取代人力，然而如同普羅旺斯的許多事物，積習難改。事涉你萬分珍惜的葡萄時，你寧可信賴你認得的人，也不願相信複雜的機器。是以，親朋好友往往晉升至葡萄採收工這一項重要的職位，三五成群散落在葡萄藤之間。

雖然彼此之間隔了段距離，採收工卻找不出好理由不一邊工作一邊聊天，他們大聲談笑，讓葡萄園裡洋溢著歡樂的氣氛。大夥在傘蔭下用午餐，原本可能嫌單調乏味的農活，轉化而為歡樂的聯誼會，誰需要機械化的葡萄採收工？

各就各位，預備……起！

在奔牛村，八月十五日是村裡運動行事曆上重要的一天。這一天，平日寧靜的街道一變而為一場激烈賽事的場地，有十位爭強好勝的選手將一決勝負，那就是由凱撒咖啡館所主辦的賽羊大會。

就我所知，這是絕無僅有的比賽。說到底，山羊較以飲食習慣古怪而著稱，難得聽說山羊賽跑速度很快。不過，這些山羊可不同，每一頭都有一位教練，亦即趕羊人。這些專家好幾個月前便開始訓練他們的山羊，把羊當冠軍般好好地餵養，努力傳授超前和高速轉彎的技巧，並確保羊兒的體格合乎賽事要求。

賽事預計在上午十點展開，我們很早就到達現場，發覺村子已熱鬧得不得了了。十位趕羊人大多身材魁梧，他們正在喝啤酒，好安撫賽前的緊張。山羊呢，忙著小口小口啃食咖啡館的花圃，看來並不在意自己的運動本領即將面臨殘酷的考驗。

開賽時間延遲了一會兒，好讓趕羊人可以扳一扳還在啃花的羊，讓羊臉朝著正確的方向。接著就開跑了，趕羊人跟在羊的身旁一起跑，一邊吶喊加油，不時伸手推羊兒一把。

我們走向終點線，邊走邊聽得見歡呼聲混雜著笑聲。我們看到跑第一的趕羊人氣喘吁吁，揮汗如雨，滿臉通紅，怒氣沖沖。不知怎的，他的山羊逃之夭夭了。

普羅旺斯下雪了？

有時就是這樣，次數並沒有多到可以統計出年度的降雪量，但這裡確有下雪的時候。一旦下雪，我們就會擁有一年當中最美的幾天。如果雪下在夜裡，隔天早晨便會美得出塵，陽光燦爛，天空湛藍。鄉野一片白皚皚，洋溢著超凡靜謐的感覺。狗兒早上在林間遛了一圈後，鬍鬚沾了雪，變硬了。樹木枝椏彷彿被悉心裝飾了一番；飛來我們家池塘覓食的蒼鷺，發覺池面結了冰，一副大惑不解的樣子。

山下的村子裡，白雪帶來很少上身且通常年代古老的衣物：爺爺的毛皮帽、第一次世界大戰年代的軍裝厚大衣，還有皮革已變硬的舊靴子，因為太難得穿出來走動，一踩便吱吱有聲——管它是否時尚美麗，能禦寒就好。

冷颼颼的氣溫往往一夕變暖，我們一覺醒來，發現雪不見了，然而我們曾有一時半刻儼然活在聖誕卡片中。

上路前喝一杯

普羅旺斯的村落通常一星期只有一天有市集，今天熱鬧擁擠的市集，明天人潮散去，又變回半空的村有停車場。對口渴的市集客來說，這是個嚴重的問題，因為停車場鮮少附設有酒吧。

多虧呂貝宏葡萄酒莊提供行動葡萄酒吧車，為本地許多市集提供服務，市集客不必再受口渴之苦。行動酒吧既方便，而且紅、白、粉紅酒供應量充足，因此生意興隆。妻子把丈夫寄放在那裡，自己去採購。這常常使得為人夫者打破終生習慣，自告奮勇要陪太太到一星期開張一次的市集買菜，當然，為的是到場監督。他們在那裡可能會巧遇其他同樣體貼且口渴的丈夫。

先進園藝

每年春天，冬季期間廢耕的田野就會被改造成未來的葡萄園，農夫駕著拖拉機栽下一行行幼嫩的葡萄藤，排列如此筆直，間距又如此平均，總教我刮目相看。我不由得納悶，駕駛拖拉機的人通常是背對著自己栽種的東西，怎能達到如此無懈可擊的對稱美感？拖拉機上是否裝設有某種精密裝備？

並不盡然。說真的，他所擁有的比這更好，那就是他的妻子。她不是跟在後面就是領先幾步，校正方向，提供指示，她的話可不能不聽。此一系統既單純又有效，而且普羅旺斯好像總不乏具備千里眼的人妻，能夠幫忙將葡萄藤種在恰恰好的位置，接下來好幾十年，葡萄都將長在那裡。**各位太太，好樣的！**

年年嘗新

在普羅旺斯，可以按照季節的更迭來飲食，而不是吃那些超市從冷凍庫挖出來的東西。最好的季節或是五月和六月，每年這段期間，新蒜、蠶豆、細香蔥、嫩豌豆和草莓皆出現在時令菜單上，選擇簡直多到酷愛鮮食的人都快被寵壞了。而對我們大多數人而言，花利古樂先生口中的「貴族草」（亦即蘆筍）上市時，才真正揭開季節的序幕。

說到做法多到不行的此一蔬菜，似乎人人都有其偏好的烹法。烘、烤、漬、煎；加進燉飯和各種沙拉中；切細、刨片和搗碎。無所不能。

要不，可以按照我們最喜歡的烹法，簡單做：淋上一點橄欖油，撒一點磨碎的義大利乾酪，替自己倒一杯粉紅酒，便有如置身天堂。

在風光優美如畫之地買菜

超市是美好的發明——有效率、方便，選擇簡直無限多，每樣貨品都有塑膠包裝，十分乾淨。然而就算是超市的鐵粉也會承認，超市沒有什麼難能可貴的魔力。

這裡有另一項讓人欣喜的選擇：屈屈龍（Cucuron）每週一次的市集，攤位沿著普羅旺斯最大的池塘而擺，長方形的池水閃閃發光。誠然，你在這裡找不到現代生活的必需品，你可別來此地找罐頭和冷凍食品、洗碗精、包裝好的雙人晚餐或體香劑。

不過，如果你的採購單中有新鮮水果、新鮮蔬菜、本地乳酪、稀奇古怪的廚房小玩意、各種香腸、帶骨火腿和村中酒商賣的葡萄酒，那你可就不會失望了。即使你什麼也沒買，單只是在市集邊的咖啡館喝了一杯咖啡，也將在詩情畫意的氛圍中度過一個長久無法遺忘的早晨。

啊，春天！

冬天過去了，一月不過是個冷颼颼的回憶，白晝慢慢變長變亮。快到三月底時，似乎在一夜之間，春天來了，灰褐又光禿禿的樹梢遽然開滿春花，太陽變熾熱了。

矮樹叢中，大自然的樂隊在青蛙帶領下開始調音暖身，為夏季的演出做準備。這場演出的明星，也就是蟬，此時出場還嫌早，然而就算沒有蟬鳴，大自然的樂聲仍動人心弦，允諾人們將在戶外度過長長的、暖和的夜晚。

村子變得比較熱鬧，咖啡館的常客蟄伏於室內一個冬天，如今在露天座上安頓下來。市場上各種春令食物滿得快溢出來，蔬菜和水果豐盛到令人目眩神迷，眼下的明星是春季當令的蘆筍，貴族草本尊是也，它們經悉心整理，一落落的好不誘人。

春天是美妙的季節，不很炎熱，不太擁擠，未來可望有四、五個月陽光普照，晚餐桌上還有蘆筍。

又有不速之客

有天早上，牠來了，佇立在屋頂上俯瞰眼前景象，那是一隻典型的普羅旺斯獵犬。牠看到我們，絲毫不覺意外，但是顯然對我們的兩條狗兒感到興趣，顫危危地從屋頂上下來打聲招呼。有好幾週，牠是我們生活的一部分。

我們引誘牠進屋內，很快便發覺牠顯然沒有走進過任何人的家裡。不過牠迅即察覺，最適宜的處所是廚房，在那裡，各種美味幾乎觸手可及，牠還學會懷抱樂觀的態度，盤桓在珍妮的腳邊。

牠在很多方面都像馴化的野獸，要到傍晚其野性才會占上風，於是消失在林間，在那裡過夜，第二天早上又回到屋頂，準備吃早餐。

我們想查出牠來自何方，可是牠頸間並無項圈，身上未刺上記號，也沒有本地的獵人過來查詢牠的下落。我們逐漸以為咱倆如今擁有三隻狗了，雖說其中一隻算是兼差的。

可悲的是，本能的力量強過於家居的安適，牠無法抗拒森林。我們已經有好一陣子沒有見著牠，不過我們為防萬一，依然每天早上都會查看屋頂。

極大的後院

普羅旺斯擁有太多修葺得漂漂亮亮的正規庭園，是整潔有條理的良好典範，就連樹葉和嫩枝都似乎被安排在最恰當的位置，讓人激賞。生活風尚雜誌樂於採訪，業主也深以為榮，這些庭園定期開放供大眾參觀，咸認是園藝界的重要功蹟。

然而，它們有難以抗衡的對手，再次印證人類無法勝過大自然。遍及普羅旺斯，有時是在最不可能的地點，會遇見沒有人工栽植、注水、安排或修整的美景。這廣闊一片的罌粟花就是個壯麗的例子，這片罌粟花叢很快就會消失不見，但是它們會重返，並提醒我們，只要我們不去打擾大自然，它就會有通天的本領。

▲ 家有芳鄰

◀ 大蒜精品店

▲ 普羅旺斯式花田　　▼ 美麗的工作場所

▲ 小不點訪客　▼ 挖金子

▲ 採收葡萄的必要設備

▶ 普羅旺斯下雪了？

▼ 各就各位，
預備……起！

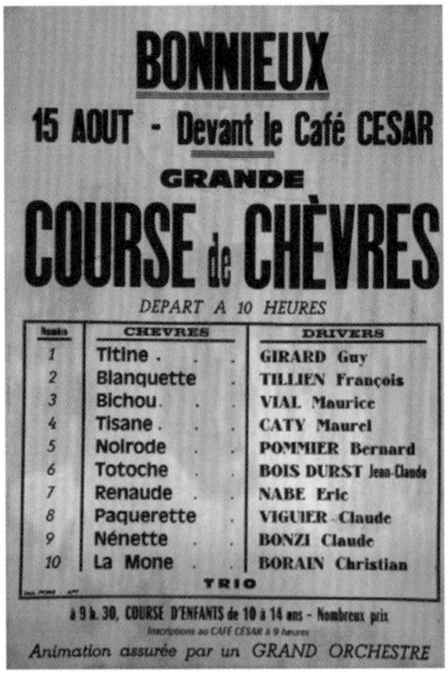

▲ 上路前喝一杯　▼ 先進園藝

◄ 在風光優美如畫之地買菜　▲ 年年嘗新　▼ 啊，春天！

perrier

▲ 又有不速之客　▼ 極大的後院

16 天氣預報：還沒完呢

在普羅旺斯的英國人雖然口說怪腔怪調又不合邏輯的語言，而且開車往往開錯邊，形成危險，大致上卻仍是受歡迎的人。然而比起他們對天氣的執迷，對氣象預報根深柢固的不信任，還有他們死抱著「要是今天沒下雨，那明天肯定會大雨如注」的看法，那麼前面那兩件事又顯得不那麼古怪了。他們對氣候的懷疑反映在他們的度假習慣中，這令普羅旺斯人深覺莞爾。

有很多事情都可讓他們感到好笑，比如說：

在少見的灰暗陰沉的日子裡，村裡明顯有股悶悶不樂的氣氛，可以聽見英國佬在鼓勵咖啡館中的村民，他用來打氣的那句話實在有很多功能，適用於安慰從歐元貶值到呂貝宏爆發豬瘟等各種不幸。「好歹沒下雨。」他會對發著呆的聽眾說，臉上掛著快活的笑容，顯然真的相信這句話會令世間一切圓滿。

八月天，保留給認真奉行天體主義者的海灘十分擁擠，要分辨在場哪一位是英國佬，有個萬無一失的辦法：在做日光浴的人當中，就只有他隨身帶了他那把可靠的黑傘。當這件事引起關注，有人不敢置信地提出疑問時，他會抬頭看看萬里無雲的天空，搖搖頭說，「嗯，難講——這天氣，說變就變。」

把事情放進歷史脈絡中一看，便可理解其人何以如此小心謹慎。此人從小到大一直住在英格蘭，那裡的氣候讓你一天可以體驗到三個季節——有時是四季。他知道你不能看早上陽光照耀，就以為下午也有陽光，需要預做準備。碰到極端的例子，這位仁兄還會將細心摺疊好的塑膠雨衣也帶到沙灘上。

每到春季，從四月開始，來此度假的英國人對天氣抱持的態度，則比我們那位帶著黑傘到海邊的朋友來得輕鬆愉快，這樣的態度令咖啡館中眾人不解，大夥議論紛紛：可以讓英國人脫掉厚衣的氣溫，到底是幾度？當村中其他人仍然穿著毛衣、長褲，圍著不可缺的圍巾時，大夥看到咱們的英國訪客一副炎夏打扮，穿著短褲、T恤和夏季的薄衫，顯然並未留意到冷冽的空氣使其裸露的膝頭有凍到泛藍之虞。

這還只不過在預習接下來將發生的事：我聽過有人將英國佬此一習慣稱為「英國式被虐待狂」，那就是在午飯前下水游泳，這幾乎是不能不進行的迎春儀式，管它此刻天氣有多麼冷，我們畢竟人在普羅旺斯啊。按照英國人的標準，眾所周知普羅旺斯擁有幾近亞熱帶的氣候。我常常在想，除非泳池結了一層冰，否則意志堅決的英國人絕對會下水從事今年的初泳。

然而，說到天氣，普羅旺斯人也不是沒有怪癖。在太陽未露面，光線自明亮清澈轉為灰暗時，他們的臉色就變得陰沉，不時朝著天空投去恨恨的一眼，嘴裡嘟囔著，這天氣太不可靠，會對普羅旺斯農業造成危害。怪的是，一旦看到有個英國佬進來，情況就會好轉。英國人的到來提供了機會，讓人得以搬出可能是普羅旺斯人最愛講的關乎天氣的陳腔濫調。

就說你在街上遇見名叫尚賈克的熟人好了。當天上午天氣陰沉，他的臉色反映著天色，看來心情欠佳又悶悶不樂，平日紅潤又快活的面容掛著通常只有在討論政治時才有的表情。你向他寒暄問好，他搖搖頭，抬頭看天空，聳聳肩。老天這時彷彿收到訊號，下起雨來，尚賈克的表情變了，眼睛閃現一絲光芒，朝天上聚攏的雲層點點頭。「媽的，」他饒富興味地說，「是吧，就跟英國八月裡的好天氣一樣。」這句話我聽過不知多少次，說話的人往往還會捅捅我的肋部，確保我在注意並且準備好大笑。後來，我開始問這些天氣專家是否去過英國，親身體驗過謎樣般美好的八月天，卻發覺他們大多數都沒離開過普羅旺斯。

每一季都各有其專家，可是在短歸短卻往往寒冷刺骨的冬季開始的時候，最蓄勢待發要給你警告的，莫過於駕車的人。在一年當中，普羅旺斯的駕駛人可分為龜派和兔派，嚴寒的天氣更顯出兩者的差異。龜派會講起古老的恐怖故事，好比說，透明的薄冰（因此幾乎看不見）導致十輛汽車追撞成一團，結論是——減速。想要參加一級方程式賽車的駕駛人，卻真的會對你說，開快車比較安全。路面一旦結冰，會變得光滑，增加危險，這反而讓他的反應、判斷力和對時機的掌握變得更好，更別提超車趕上那些以五十公里時速龜步前進的老太太時，多麼有快感。難怪這傢伙有敵人，頭號大敵是貨車司機，他們不分晴雨、不管老天朝他頭頂下了什麼、都得努力運送物品。這些司機不同於老太太，不肯縮在一邊好讓出一點空間給人超車。他們的反應常是相反的，一聽到後方有人鍥而不捨揿喇叭，就會加速行駛，不斷爭取優勢，讓自己占有更多道路空間。開戰了，喇叭揿個不停。後方喇叭每響一次，貨車就會回應以連珠砲般的喇叭聲，直到最後對決的舞台架設完成。

可是問題來了，由於需手握方向盤，雙手的用處受限，阻礙法國人使出他們最愛的比手畫腳絕招，不過，後頭還有機會。路面總算變寬，在後方追趕的車子得以與前車並排行駛，司機搖下車窗，如此一來，當他終於超前，越過貨車時，便可伸出一隻胳臂，豎起中指，向貨車司機比出那個經典的羞辱手勢，然後加速，揚長而去。

米歇的反應則沒那麼危險，也比較優雅。米歇是我們的朋友，喜歡駕著他的雙輪輕便馬車，帶著他的小馬，有時還有我，在他家和村子郵局之間的狹窄鄉道上兜兜風。這條路總是很幽靜，常常沒有車，路口標誌著禁止貨車通行。即使如此，有天早上我們才剛出發，要進村去，就聽見隱約的噹啷聲，跟著後方便傳來機械震動喘氣的聲響。我轉頭一看，是一輛有好多輪子的巨型貨車，車身幾乎跟路面一樣寬。米歇不為所動，「這種事不常有，那司機得有耐心。」

司機也許曾設法保持耐心，但還是忍不住懷著希望，撳了兩下喇叭。米歇高舉馬鞭過頭，轉了幾下作為回應。我在納悶，這訊息代表著反抗，抑或不過在表示知道了？我問米歇這個動作有沒有特別的涵義，「肯定有的，」他說，「但是我忘了是我要左轉、我要右轉，還是我迷路了——應該是其中一個吧。」

不論箇中有何涵義，都足以讓貨車司機多少安靜下來，直到我們來到路的盡頭，接上雙線道。米歇讓馬車在路肩停下，從座位上下來。他摘下他那頂舊褐帽，誇張地欠了欠身，然後揮著帽子指引貨車開到大路。那是我頭一遭見著貨車司機露出微笑，也是絕無僅有的一次。

§

不論是哪一個季節，普羅旺斯都有可能出現極端的怪天氣，也就是具有傳奇色彩的密斯脫拉風襲擊。在我們剛來普羅旺斯的那段日子，有一回我對鄰居老傳說錯了話，竟說今天的風可真大啊。

他一手緊握著帽子，一邊糾正我的錯誤。不對不對，他說，這是密斯脫拉風，強勁得足以將老太太吹過街，把驢耳朵吹掉。您老家所說的強風啊，他說，在咱們看來不過是微風。其話中隱藏有自豪的意味，宛若密斯脫拉風屬其所有。後來，我發覺普羅旺斯人往往將密斯脫拉風當成小型國寶，而不是天氣猛烈地打個嗝。

密斯脫拉風幾乎勝過一切，是最多功能的好藉口。我不僅聽過別人用它來說明為何屋瓦脫落，還聽人用來解釋頭痛、狗打架、失約、腰痛、夫妻吵架、水泥攪拌機時好時壞、馬路車禍和舒芙蕾蛋白酥扁掉的成因。由於不是任何人的錯，不能責怪任何人，故而是不容爭論的理由。而且，密斯脫拉風不受季節限制，即使是盛夏期間，它照樣狂飆，通常一吹就是三天、六天或九天。

只要是研究天氣，哪怕是非正式的研究，也不能疏忽大意，必須列出統計數字，讓一切變得有實有據。下面就有數項統計，其中第一項最教我意外。

倫敦這又濕又細雨濛濛出了名的城市，年度降雨量為七百一十三・二毫米；比基尼數量多過雨衣的坎城，年度平均雨量則超過九百一十四・四毫米。勾德村一年降雨量為八百五十三・四毫米，依然遠多於倫敦。這還只不過是兩個名實不符的例子。平衡起見，我研究聯合王國他處，看看有沒有任何地方能像無數的普羅旺斯城鎮、村落和海濱那樣，一年有三百天以上陽光普照。一個也沒找到。

那麼，祝度假愉快，如果你要去坎城，別忘了帶雨傘。

17 福星引路

在人犬關係這一段漫長又毛茸茸的歷史進程中，有個根本的改變時刻：人決定給狗庇蔭，讓狗密切參與人的生活。狗再也不必待在屋外充當有齒防盜警鈴，遂立即開始採納條件大好的生涯抉擇。自非常早期起，狗便擅於與人通力合作，看管綿羊、牛群、山羊和馬。千百年以來，各式各樣的活動應運而生，於是我們看到狗如今用鼻子嗅各種東西，有松露、毒品、意外事件後埋在瓦礫中的人體、炸彈，還有落在家中沙發後面的個人用品。被徵召當警犬的狗變多了，而每一個軍團非得有一頭打扮花稍的四條腿吉祥物不可，否則哪配稱之為軍團。

怪的是，直到一九一六年，狗族的才華才被正式用於幫助盲人。那一年，德國創立全球第一所導盲犬學校，此構想迅即在德國境內遍地開花，形成導盲犬學校網路。後來，其他國家起而效尤，幸運的盲眼成年人從此有導盲犬來幫忙。早期盲童須等到十八歲才有資格，因為不論是誰，只要是十八歲以下，就被視為「不夠成熟」。

接著，加拿大魁北克有了名為「米拉」（MIRA）的非營利性組織，初始在一九八一年有兩條導盲犬，到一九九一年組織已茁壯到能夠開設全球第一所訓練盲童和導盲犬的學校。

米拉學校的新聞傳播到好幾千公里以外的普羅旺斯，聽進蓋良（Frédéric Gaillane）的耳裡，就某方面而言，他特別有資格參與此一計畫。他十九歲時因車禍失去視力，太了解要打造迥然不同的生活有多麼辛苦。於是，二〇〇四年他前往加拿大，拜會米拉的創辦人聖皮耶（Eric St. Pierre）。

兩位男士相談甚歡，此行的見聞給蓋良留下深刻印象，他懷著滿腔的熱血和構想返回普羅旺斯，決定為盲童開辦學校。二〇〇七年，他和加拿大米拉基金會達成協議，成立歐洲米拉組織，三位工作同仁奉派前往加拿大接受導盲犬講師培訓。

新學校固然是個好構想，但是蓋良首先需找到校址。他運氣很好，沒等多久就找到了。他的祖父母遺留下幾英畝的地，這一大塊地原本用於種植葡萄、桃子和蘆筍，離位於河畔小城索格河島不遠，地勢平坦，交通方便，面積也大得足以容納所有必需的設施。

一位建築師朋友負責設計詳細的學校工程藍圖，蓋良開始籌資。資金慢慢到位，完全來自私人和公司行號捐款，還有志工策劃的籌資活動。接著，在二〇〇八年十月四日，學校開始動工。

二〇一〇和二〇一一年，三位講師完成培訓，自加拿大返回，二〇一四年時，學校完工。

大約一年後，我首度到校參觀，就我所聽聞，成果斐然。由於建校過程當中並未得到一般官方來源的任何財務協助，成就更顯得不凡。法國機構因著自身含糊不明的理由，並不贊同蓋良的構想。

我本來以為會看到多少有點像營區一樣的環境，基本、功利、實用，事實卻令我驚喜。建築物簡單而現代，室內明亮通風，場地整潔。頭一回造訪，我指望能見著幾條狗兒，尤其想看看一兩條聖皮耶犬，那是特地由拉布拉多犬和伯恩山犬混育而成的導盲犬品種。不過那會兒正是學期之間，學校放假，我只將就著看看幾張帥氣的聖皮耶犬照片，聽校方詳盡解說頂尖的導盲犬應具備哪些條件。

價錢可不便宜，訓練一隻狗的成本就要二萬五千歐元左右，即使是第一部分的訓犬期也需花上一年。幼犬首先得跟寄養家庭生活——這些寄養家庭都是志工，他們將幼犬帶回家，向小狗介紹與人共同生活的各種複雜事項，讓狗未來不論去哪裡都能適應環境。而這些幼犬無處不去：搭火車、乘巴士、來往於熱鬧的街頭、和朋友出去吃晚餐、到商店、上電影院，狗兒無時無刻都穿著牠們的第一件背心，上面印著「導盲犬培訓中」，然後狗兒會被送往索格河島的米拉學校，由講師加以訓練。只有在這時，牠們會被分派給幸運的兒童，人狗從此形影不離。接下來，該孩子們接受訓練了。

他們會分不同的幾個時機來中心，第一次來兩天，學習有關導盲犬的林林總總。第二次歷時一星期，屆時孩子將接受評估，看看是否有與導盲犬合作的潛力。好比說，孩子有無良好的方向感？有無良好的空間感？肢體是否足夠靈活，以便人狗相安無事？如果這些基本條件都具備，孩子會受邀回校，進行為期一個月的交接過程，人狗在繁忙又複雜的現實世界中一同受訓。他們在馬賽一起搭捷運，一同學習在搭乘電扶梯時，如何在盡頭跨出那必要的一大步。他們首度一同搭乘汽車，他們一起去買東西，在現實生活中首次體會人狗兩相隨的滋味。

回到學校，他們需在一處占地廣大且保養精美的場地接受密集訓練，那個場地專門設計用來讓孩子與狗熟悉他們在城鎮街頭將遭遇的種種複雜狀況，包括不同樓層的不同地面、不同的噪音、彎曲的小徑、人行穿越道、十字轉門、交叉路口、高架人行道、亂停的車輛、隧道——一條長達五百公尺的都市迷魂陣。另有兩座噴水池，為了訓練鼻子，還有一叢叢的薰衣草、迷迭香、絲柏以及玫瑰花。

孩子們需要住校上課，學習和狗兒相處，學校設有宿舍，有十間寢室、大客廳和飯廳。培訓課程結束後，講師帶孩子和狗回到孩子各自的家裡，人狗學著適應另一個較固定的環境，並研究出彼此新生活的路線，比如上學或到朋友家的路線。九月分學校開學後，孩子、導盲犬和米拉講師會一起去拜會老師和其他學童，講師會對其他孩子傳授對待導盲犬的黃金守則：導盲犬是工作成員，不是寵物。人們不可撫摸、餵食導盲犬，以免令導盲犬分心。要到一天的工作結束，狗兒脫掉背心，能夠放輕鬆以後，才能給狗吃點心、遛狗、逗狗兒玩。

即使在課程結束後，米拉仍密切注意導盲犬和小主人，算是售後服務。如此這般過了八年，到小主人長大變青年，可以上成年人的學校，狗兒就功成身退，通常會回到幼年時待過的寄養家庭，宣告退休。

最近這一次，亦即去年夏天，我又去參觀米拉學校時，有機會看到新來的一批狗兒和兒童在列隊遊街，我立即感受到那裡的氣氛和許多學習機構不一樣，相當快活。人的臉龐帶著微笑，狗兒不斷搖尾巴，還有一股強大的樂觀氣氛，因為孩子們逐漸體悟到，他們的生活將有劇烈轉變。那是個快樂幸福的所在，蓋良理當深為自己實現的目標而自豪。

18 夏季遊客入侵，秋季還我清靜

在普羅旺斯鄉間，一年中有十個月，生活是一連串寧靜宜人、步調緩慢的日子。有大把的時間和朋友聚會，有時間坐在露天咖啡座上，就著一杯粉紅酒，思索人生的意義。壓力就留給都市的上班族吧，他們的生活充斥著開會與公務約會。

每年七月，情況就會改變，這時法蘭西開始度假兩個月。領帶和西裝退場，短褲與草帽上場。辦公桌上的三明治被搭配葡萄酒的三道式午餐所取代。到鄉下散步，下午待在泳池畔，參觀畫廊和博物館，還有其他很多平日因為沒有時間而時常遭到忽視的生活小樂趣；我們平時真的都太忙了。

上面這句牢騷具有國際性，不論是英美人士，還是比利時人、德國人和巴黎人，大家都經常這麼埋怨，他們都參與每年夏天遊客入侵普羅旺斯的行動，到此地重拾比較簡單輕鬆的生活。各國人士對這樣強迫施行的慵懶狀態有什麼反應，視國籍不同而定，多年以來，觀察箇中的差異，始終能帶給我不少娛樂。

說到精力、好奇和熱血的程度，美國人拔得頭籌。對他們而言，普羅旺斯是項挑戰。一大早便可以在咖啡館看到他們，規畫當日活動。他們手握旅遊書，往往還帶著筆記電腦，計算他們午餐前要參觀的景點之間的距離和時間，要去哪裡用餐，下午又要去何處。計畫安排得小心又縝密，通常很累人，然而他們可是大老遠自費城而來，度假時間如此寶貴，要是浪費了一秒鐘可就太糟糕了。我老是覺得他們回到美國後，需要請假好幾天，休養生息。

前不久，我問花利古樂先生對夏季的多國遊客有什麼看法，比方說，他對我的英國同胞印象如何？他花了大半個上午回答我這個問題和其他提問。

據他表示，大體上，英國人算差強人意：舉止還算得宜，也還有禮貌，但有個情況例外，那就是他們與不會說英語的人溝通困難的時候。按花利古樂的說法，當英國人發覺自己周遭全是說法語的法國人時，常會發動盎格魯薩克遜反攻。一開始是用英語提問，對象往往是咖啡館侍者。可能是詢問咖啡館的洗手間在哪裡，或那裡有沒有英國啤酒，不過侍者的反應都一樣——抬起眉毛，表情困惑，聳肩。英國人不屈不撓，又問了一遍，照樣用英語，只是這一回比較大聲一點。再一次，更大聲。末了，茫然的侍者退下，去服務別人，後者要點什麼，他聽得懂。

另一方面，英國女士則比較不吵，更有教養。花利古樂說，她們的確喝不慣普羅旺斯咖啡館供應的茶，嫌茶水太淡而無味，顯然不像在英國喝到的茶那麼真材實料。她們看到丈夫早上十點就攻向葡萄酒，飽受驚嚇，可是話說回來，男人總歸是男人，尤其在度假的時候。

我們接著思量起德國訪客。據花利古樂說，在他們看來，普羅旺斯就是「喝啤酒、曬太陽」。他們老是很口渴，皮膚總曬得一身黑，而且總愛事先做好行程規畫，不過還是比不上美國人。至於比利時人，花利古樂觀察後發表的唯一意見，一如在法國常聽到的說法：由於他們習慣把車開在馬路中間，讓法國的美好生活遭遇風險。

對巴黎人，他的話可就多了。「狂妄自大，」他說，「勢利眼，活在巴黎泡泡中，把我們全看成鄉巴佬。他們瞧不起人，給小費少得可憐。他們埋怨天氣熱、物價高，批評我們的餐館。我不明白他們幹嘛來這裡，應該留在里維耶拉就好。」

我不敢相信他是當真的，「不可能人人都像那樣吧？」

「當然，有人例外。我有位巴黎摯友，他就是例外。人很謙和，有幽默感。」可惜單只一位巴黎朋友顯然無法彌補其他巴黎人，花利古樂一邊重重踏著腳步去吃午餐，嘴裡一邊仍嘟嘟嚷嚷個不停。

每年的外國訪客名單晚近添了新成員，就是日本人，即使花利古樂也表示贊許，那是說，在他注意到他們的時候。我從未見到任何日本人笨手笨腳，也沒聽過他們大聲叫嚷。他們圍坐在咖啡室桌旁時，談話聲像鳥兒在啁啾。除此之外，我聽過他們製造出來的最大聲響，是智慧手機照相快門一齊按下的聲音。在這些好奇的鏡頭前，一切皆無法遁形：有人在玩滾球、有畫家在彎腰作畫、情人在接吻、狗兒啣著偷來的長棍麵包鬼鬼祟祟走開——村鎮街頭生活的種種樣貌在他們眼中似乎都是那麼迷人。

夏季的腳步匆匆，正當擁擠的街道和一陣湧來的各國臉孔感覺上就將成為常態時，八月走到盡頭，九月來了，人群消散的速度快得幾近驚人，村子重歸寧靜。村民兩個月來難得見到面，這會兒又占有咖啡館和餐廳，彼此交換有關遊客的種種軼事，並為未來的冬季做計畫。清晨的空氣寒涼澈骨，圍巾和毛衣重新上身，村子恢復精力充沛之感，幾乎像是第二個春天。

狩獵季在九月中旬展開，獵人按下扳機，槍聲迴盪於山林間，好不熱鬧，所有精明的野獸都走向普羅旺斯較偏遠之處。可是，今年可當成活靶的選擇顯著減少，我家那一帶破曉即響的連環槍聲消失了，這引發了我的思考。大號鉛彈價格漲成三倍了嗎？雉雞和野兔學會反擊了嗎？停火的理由何在？

我早該曉得；事關腸胃。有位獵人頗為難過地解釋說，棲息於本地森林中的野豬跟以往不同了。有個普及的理論是，牠們與一般的豬亂搞羅曼史，結果孕育出新品種——野生家豚。從味道上來講，這並不算大自然的勝利，說真的，我聽說那肉難吃得要命，而任何好獵人都會對你說，不能吃的東西，就別射。

在此我需補充說一句，這並不是一般都採信的說法，只是獵人的理論。不過，有個事實並未改變：從前星期天一大早七點便槍聲大作，如今則寧靜愜意。只是，這並不表示森林中鳥飛絕而人跡滅，還是看得見形跡可疑的人和狗，佯裝在林間隨興蹓達，他們當然不是在散步——他們在找松露。

松露獵人有兩項強烈的性格特徵，其一是樂觀，始終相信今天就是他們會碰巧挖到松露的日子，那松露足足有網球那麼大。除了一磅松露的市價超過一千美元外，挖到松露的仁兄還會發覺，他將在同行的獵人當中大大出名，這些同行深信他一定藏有他們不知道的秘密，而他們永遠也不會知道，因為松露獵人的第二個性格特徵就是，口風非常緊。松露獵人絕不會告訴你他究竟在哪裡挖到松露。

在許多方面，九月至一月是我們在一年當中最喜愛的一段時間。夏季時分絡繹不絕地來我家小住的訪客走了，村子的市集熱鬧歸熱鬧，摩肩接踵的情景卻不復得見。地方上的餐廳點起壁爐的柴火，把濃湯、燉肉和野味放回菜單上。粉紅酒可以歇息一會了，換本地飽滿卻清新的紅酒上桌。沒有夏日的人口，村子顯得比較寬敞開闊。鄉野令人心曠神怡，安靜、空曠，冬陽散發著美麗的光芒，讓一排排修剪過的葡萄藤線條看來格外乾淨俐落，葉落的樹木伸出光禿禿的枝椏，姿態好優美。

當一月總算來臨時，對不少人來講，那是個需要避開的月分，不是到山上滑雪，就是逃到氣候較暖和的地方。那當然是寒冷的月分，偶爾會下雪，然而我喜歡一月。光線依然很美，天空還是一片湛藍，而我總覺得自己可以獨享呂貝宏。每逢一月，也會有兩三天可以預先嘗到溫暖的滋味。氣溫升高幾度，太

19 好萊塢來到普羅旺斯

我們認得雷利．史考特已超過四十年，那時他還不是票房大導演。想當年，我和珍妮還有雷利都在倫敦工作，是廣告業的小咖。珍妮和雷利各有一家專門拍廣告片的電視製作公司，我則在廣告公司當文案。那時的廣告界很小，以今天的標準來看，應可形容為奇特而有趣，大夥不時混在一起，彼此都認識。

我頭一次和雷利一同工作，是因為一樁前景不甚光明的體香劑廣告片案子。我們竭力要想出有原創性的點子，一切的創意卻全被客戶推翻，最後僅存前一家廣告公司創作的老掉牙廣告歌，配上年輕人歡快享受時光、中規中矩的影片。

即使是那年頭，雷利便以擁有「化腐朽為神奇」的本領而著稱。我們走投無路，求助於他。頭一次開會，我們放了廣告歌給他聽，然後聊了一會兒，好讓他打起精神，跟著他說，「這產品的對象是年輕人，對吧？咱們來看看可以怎麼做。」

他是這麼做的，他僅取此曲的梗概，讓倫敦一個新進搖滾樂隊重唱，將之改頭換面一番。然後他拍下樂隊演奏和演唱這首廣告歌的畫面，但見吉他手、鼓手、低音提琴手、薩克斯風手，個個恰如其分，動作豪邁，汗水淋漓，看來聽來更像電視上搖滾樂表演的片段，而非體香劑廣告，我們喜歡得不得了，客戶也是。從此以後，我就是雷利的粉絲。

後來，雷利去了洛杉磯，我們到了普羅旺斯，有一天驚喜地發覺，我們有了一位大名人鄰居，正是雷利本人，他的房子離我家不過二十哩。他對我們說，他一有機會就去住那房子，很喜歡，可惜因工作的關係不得不留守洛杉磯。所以他一直在找機會，看能否有更多時間待在普羅旺斯又不致心存罪惡感。

那會兒，我快要寫完一本書，故事說的是倫敦有一位年輕的企業主管繼承叔叔遺留的普羅旺斯葡萄園，從此深陷於葡萄和老奸巨滑的鄉下農夫手中。這故事還算好看，但是遠遠不及雷利擅長的歷史片那麼氣勢磅礡，因此我很意外他竟然表示想讀讀我寫的稿子。我把稿子留給他，心中與其說有所期待，毋寧只是懷抱著一點希望吧。

教我意外的是，他喜歡到甚至表示，待我完稿以後，能否再給他看看。我完成了書稿，他又看了一遍，就這樣。下一步呢？挑選拍攝地點和敲定演員卡司，事情的發展就是這麼快。

我當然知道我的成功並不全然基於我的寫作才能，比起雷利正在考慮的其他案子，我的故事占了一個不怎麼公道的便宜：只有這個案子能給他機會——不，該說是顯然非這樣不行——待在他的普羅旺斯住家好幾個星期，度過陽光燦爛的時光。

要不了多久，要拍片的消息傳遍呂貝宏每個村莊，各方反應不一。整體來講，反應還不錯，只有少部分人因深信普羅旺斯快要變成迪士尼樂園了而哀嘆、發牢騷。儘管如此，繁複且棘手的拍攝準備作業在加速進行：必須找到拍片的外景地，有種種條件需要協商。必須給演員和攝製團隊規劃住處，交通運輸也需做好安排——我隔著安全的距離觀察一切，開始在想，截至那會兒，我對這整個計畫貢獻的心力可說是最輕而易舉。接著下來，是選角作業。

自從《神鬼戰士》大獲成功後，雷利和羅素．克洛就維持著好交情，當羅素被選中擔任男主角，飾演那位走運的高階主管時，沒有人覺得驚訝。當然，羅素在葡萄園中埋頭苦幹之餘，也需談個小戀愛，雷利於此再度展露其識人之明。他曾在《末路狂花》中起用布萊德．彼特，讓他的影藝生涯有了起點，這一回是一位年輕女星，那就是在法國境外並沒有什麼名氣的瑪莉詠．柯蒂亞。如今，她當然已是大牌紅星了。**謝謝你**，雷利。

最後，他找了演技精湛的亞伯．芬尼和湯姆．歐蘭德以及優秀的配角，又令演員陣容增色不少。這下子就只等攝影機開始轉動。

我一直以為，拍電影是件讓人激動又光采耀目的大事，洋溢著戲劇張力十足又令人難忘的時刻。天哪，這可是高階的娛樂事業，牽扯到大名鼎鼎的明星和敏感又微妙的自尊心。就算沒有大打出手，起碼也會有幾樁言行欠考慮的事件吧。開鏡第一天一大早，我就到達拍攝現場。瑪莉詠．柯蒂亞已經到了，正在看什麼文件。雷利在吃早餐，羅素不見人影。各種技術人員跑前跑後，拍片現場的酒莊主人探頭探腦，就怕有人會踩到他的葡萄藤。當天早上的情景差不多就是這樣，我後來發覺，雷利拍片向來如此——一切井然有序，不慌不忙，其實滿放鬆的。這樣平靜的場面受到干擾的狀況，我只見過一次。

那是因明星無法守時而造成，十五分鐘、二十分鐘、半個小時——羅素似乎難以準時到場，攝製團隊等了又等，大聲嘆氣，口中碎碎念。隔了沒多久，他們便給他起了外號，叫他「晚到的羅素．克洛」（雙關意義為「已故的羅素．克洛」），可能就是因為這樣，雷利不得不採取行動。

他召集眾人開會，攝製團隊、演員，人人都參加。他告訴大夥，今天的拍攝工作必須準時開始，一秒鐘都不得浪費，他希望當天晚上全員至片場報到。不用說，包括羅素在內，大夥當然都到了。可是，雷利人呢？大夥等了又等，就這樣等了四十五分鐘，雷利才現身，歉然表示因為有個洛杉磯來電不能不接，談了稍久以致耽誤時間。從此以後，明星守時的狀況大為改善。

對我來講，有個場景特別難忘，那一場戲攝於屈屈龍，村中有普羅旺斯最大的池塘，是一座長三十公尺、美侖美奐的長方形水池，四周有偉岸的梧桐成蔭，是其他沒這麼幸運的村子豔羨的對象。拍片當晚，那裡被改頭換面，水池的一側擺設了一排雙人桌椅，桌上舖著白桌巾，放了蠟燭和冰桶。在最遠的那一端，有一小隊樂手演奏著撩人的音樂，池中水面撒了白花和漂浮蠟燭。像施了魔法一般。

這是為雙人晚餐布置的背景，瑪莉詠和羅素終於能兩個人獨處，呃，差不多啦，因為除了攝製團隊外，尚有一位地方要人也在場打量著這悠閒宜人的場景。那便是屈屈龍的村長，那場景給他留下的印象太深刻了，後來還向雷利打聽，拍完片子以後，有沒有可能讓這場景原封不動保存下來。

電影如期殺青，然而讓人興奮的事尚未告終。呂貝宏擁有電影院的村鎮，容或不只屈屈龍而已，可是有一點可以肯定，此地是唯一舉辦過好萊塢電影首映會的村鎮。觀眾不同於一般首映會的群眾，神情舉止輕鬆多了。

看不到加長禮車或拖地的長禮服，也沒有男士的晚禮服。西裝外套和珠寶首飾亦屬罕見，映前的茶點飲料由本地咖啡館供應，喝的是粉紅酒，而非香檳。現場氣氛活潑，甚至有點喧鬧。那是**我們的**電影，我們要好好地欣賞。

在粉紅酒的加持下，映後一片好評，尤其是看到自己在不同畫面中出現的那些臨時演員。最終，觀眾懷抱著滿意的心情，逐漸散去，村長則等不及好萊塢再打電話來。

20 夏日的跡象

對我們大多數人而言，季節是靜靜地在變換，那過程幾乎沒有人留心。換季的記號存在於，氣溫逐漸不同，樹葉或萌芽或掉落，汽車雨刷結霜，還有許多為適應周遭環境改變而起的小小變化。在普羅旺斯，季節遞變的跡象往往比較強烈也比較多樣，尤其是從早春到初夏那一段愉悅的時光。

最早暗示新季節將至的，是綠色的田野在安靜了一個冬季後，突然遍地盛開鮮紅的罌粟花。罌粟花很快就不見，但那花期仍長得足以形成紅色警報，提醒人們：請收起厚重的冬衣，撣去平底涼鞋的灰塵，夏天來了。

一開始很慢，大自然隨後加快速度，提早向人們展示年度大秀的幾個樣本。最醒目的是一樹樹的杏花，或粉紅或嫩白，如巨浪波濤般洶湧而至。在這同時，光禿禿的枝椏長出絨毛般嫩綠的新葉；大膽的蝴蝶現身，查看到底發生了什麼事。第一批花苞怯生生地露面，原本八成是任由其枯死的植物忽然開始又攀爬上牆。目光所及之處，都有些透露著蓬勃生機的小信號，也有不是那麼小的跡象，比方說，田埂上那一叢叢鮮黃的金雀花，還有葡萄藤。雖然尚需等好幾個月才會結出葡萄，這會兒葡萄藤蔓卻已青翠欲滴，前景大好。說真的，整片大地似乎都進行過回春拉皮手術。

這也是家附近的夜間樂團開始排練的時候，蟋蟀出現的時節未至，但每晚當太陽西沉後，樹蛙就開始演奏小夜曲，貓頭鷹偶爾也來串場。無論如何，從沒有樂音單調的時刻。

這時，山下的村子裡，大自然對人讓步，今年第一批異鄉人來了。在此且容我說明本地人給異鄉人下的定義是什麼，根據最早最初的原形，異鄉人指的是非村裡出生的人。後來事情有了進展，如今在普羅旺斯，異鄉人的意思就和其他地方定義中的外國人差不多。異鄉人通常受到歡迎，部分是由於本地很同情這些可憐的異鄉人，竟然這麼倒楣，沒有生而為法國人。本地人在幾個方面表達出同情心，其中包括語速減慢許多。普羅旺斯人平時講話又急又快，這會兒講話卻慢吞吞，一邊還熱切地看著對方，確保對方聽懂自己的意思。他們有時還會使出終極一招：搬出幾句在學校學過但陳封已久的基礎英語，神情往往相當得意。凡此種種，有時頗令人困惑不解。記得有一回，我跟同伴聊著我以為是法國足球隊勝算這個話題，對方卻突然停下，伸出一指戳了戳我的胸膛，講出他最擅長的英語，「我有一隻狗，他的名字叫祖樂，他喜歡走路和跑步。」此事至今無解。

季節更迭在好幾方面改變村鎮的面貌，小服飾店的店門敞開，門外的人行道上常擺了一張椅子，如此店主便可坐在店外曬著太陽，看世界流動，察看大夥今年穿什麼樣的服裝。村裡的狗兒捨棄舒適的狗窩，重新發現街頭的樂趣——風景、氣味、從無人看管的菜籃子裡偷走棍子麵包的機會，還有從巴黎來訪的各種遊客狗帶來的社交與運動機會。然而，最明顯的變化無疑是村裡家具被重新整理一番。

寒冬時分，咖啡館大幅縮減獲准留置於戶外的桌椅數量，僅留數張給全身裹得密實且耐寒的吸菸客，因為舒適的室內禁菸。氣溫一上升，這景象便幾乎在一夕之間轉變。

大街兩側人行道原本一長條都空空蕩蕩，陡地冒出咖啡館的桌椅，還有要替皮膚蒼白的客人擋太陽的大型遮陽傘。街道變成難得一見「行人優於車輛」這受人歡迎的典範，而行人可是形形色色，什麼人都有。在市集日，你可以見到各式各樣的人，有打扮得一絲不苟的巴黎人、顯然曬了太多太陽的英國人、守舊的日本人和他們的骨董相機、帶著智慧手機的美國人、尋找下一杯啤酒的德國人，以及一大早四點就起床致使這會兒早現疲態的攤販。咖啡館的侍者和女侍必須穿越街道，把東西端給客人，只好使出渾身解數，端著托盤穿梭於熙攘的人群中。場面混亂熱鬧，步調卻緩慢，讓人有好心情，要欣賞這一切，最好的位置是地點適當的咖啡館桌子。

如此多產的季節，可想而知少不了花利古樂先生口中所稱的「上帝菜單中的小珍寶」。從五月起直到炎熱的七月，有短短的季節可以買到新令甜瓜、新令蘆筍、有綠也有黑的新令無花果、最肥碩的新令蠶豆、胖嘟嘟的嫩豌豆——凡此種種，都新鮮到不容得給它們安上品牌標籤。它們擺在淺木盒裡，你往往會聽到，你買到的是當天早上才採收的農產。這足以讓你遠離超市蔬果好幾個星期。

春夏兩季之間這短暫的季節終於結束了，氣溫上升，蟋蟀唧唧叫得熱鬧。天氣很熱，而且會變得更熱。夏季，你好！

21 拿破崙的禮物

拿破崙有不少令人難忘的功蹟，就一般看來，其中最重要的是其人戰功。排名第二的，可能是他身為時尚宗師的貢獻，這一點多虧了他老愛把一手藏在長大衣中那著名的習慣。當然，還有約瑟芬。

不過，拿破崙給法式生活添加的一項成就，儘管在超過兩百年後仍欣欣向榮，卻不像他在戰場上的勝利那麼廣被宣揚。不過，它依舊靜悄悄地在法國社會占有重要且應該是備受喜愛的一席之地。

那就是拿破崙在一八〇二年創設的法國榮譽軍團勳章，頒授的對象從實業家、英勇的將領到詩人都有。

拿破崙此人並不以常做善事或有社會良心而著稱於世，是什麼促使他推行範圍如此寬廣且慈善的方案呢？我到處查詢有沒有哪些人、哪些事啟發了他，結果都是徒然。不過，正因為缺乏史料，我不得不自己想出一個說法，我的理論如下。

法國的十八世紀終止於大革命，在那腥風血雨、動亂頻仍的十年間，貴族制度作廢，法王路易十六在一七九三年被處決，最終結果是，拿破崙在一七九九年掌權。

儘管在許多人心目中，法國大革命是一大進步，但是批判者亦大有人在，其中有不少是軍方前輩。他們出身良好，看到的不是進步，而是混亂與寶貴的傳統遭到破壞。拿破崙在征戰途中的空檔與其將領閒談時逐漸了解到，大革命帶來的根本性質改變對他們造成多麼深刻的影響：精英階級消失，至少對這些將領而言，這使得法國生活結構殘缺不全。

拿破崙很在意其人馬的心情，既然快樂的將領可以造就快樂且守紀律的部隊，於是他決心要做一件事，令他們有匡亂反正之感。

可是，做什麼呢？

他反覆思考，他仔細考慮，他參考古希臘和古羅馬帝國的歷史，搜索枯腸，然後靈光一閃：他要創造新的貴族制度——這一回不以血統為依歸，而是要論功行賞。就像軍隊有軍階，此一制度會分為不同的階層，會有勳章，還會有遊行和儀式活動。人們會以躋身於此階級為榮，法國又將擁有精英階級。榮譽軍團於焉誕生。

一如大多數外國人，我間或聽聞榮譽軍團，不過直到我們定居法國，這才親眼看到軍團存在的標記。其造型高雅不張揚，卻相當醒目：精美的鮮紅色緞帶，縫進西裝外套翻領的鈕眼。不需要肩帶、徽章、假髮或可笑的帽子，單只一抹顏色便可讓人辨認出配帶者是榮譽軍團成員。

我們住在鄉間，難得穿西裝外套，不過有一次前往巴黎時，在每條大馬路上都瞥見外套翻領上的一抹鮮紅，我發覺自己到處在窺看翻領。

回家以後，生活恢復常態，然後有一天我接到朋友伊夫的電話，伊夫是梅納布村長。他在電話中神秘兮兮地請我走到外面，去買一份當天的日報，我詢問原因，他還是故弄玄虛。「你等一下就知道，」他說，「請看公告頁，看仔細點。」

我聞言照辦，眼前所見害我手一震，手中那杯粉紅酒潑得我滿大腿和滿桌都是。我穿著濕答答的褲子，坐在咖啡館桌邊，笑容滿面，因為報上白紙黑字印了一份名單，其中有我的名字。這名單向世人宣告，我這會兒是法國榮譽軍團騎士了。我想必激動得喊出聲音，咖啡館侍者保羅走過來看看我是不是身體不舒服。我跟他講這個消息，他抬起眉毛，「喔啦啦！」他說，一邊擦拭桌上的酒液，「要再來一杯粉紅酒嗎？」

後來，那股陶醉感逐漸沉澱下來，我越來越習慣自己成為軍團渺小一分子這件事，我領悟到自己對此高貴的組織實在是無甚了解，而任何自尊自重的騎士都該有所了解。想當然耳，我發現軍團成員遍及法國生活諸多重要領域，且各具影響力。不過有件事我有所不知，原來此組織擁有且管理法國兩所非常有名的學校——榮譽軍團住宿學校和聖德尼中小學。這兩所學校原本是孤兒院，收留在戰場捐軀的烈士遺屬，後來變成住宿學校，為軍團成員的兒女提供優質的中小學教育。兩校每年招收近一千名學生，考試成績始終保持優越水準。

這一樁發現令我明白，軍團並不只是禮儀性組織而已。在授帶和勳章的背後，還有若干嚴肅且極有價值的理念，有助於改變且改進年輕人的生活，因此當伊夫建議舉辦小小的晚會，慶祝我從異鄉人升等為軍團成員時，我感到萬分欣喜。（我後來得知，提名我進軍團的保人，正是伊夫。）

初夏的一天，一如普羅旺斯所有美好的慶祝活動，這次活動亦為露天舉辦，這一回的場地是十五世紀的盧瑪杭城堡前寬敞的大露台。

陽光燦爛，傍晚的天空像明信片那麼藍，村民踴躍前來，我朝著人潮洶湧的露台看去，我在普羅旺斯認識的人似乎都來了。蒞臨的村長不只一位，而有兩位，一位是我的保人梅納布村長伊夫，另一位是盧瑪杭村長狄亞涅。還有一人儀隊對我致意，他是本地的榮譽軍團成員，一面巨大的國旗幾乎將他整個人都遮住了。我很高興自己穿了睽違五年的西裝外套。

儀式一開始，伊夫先對我進行吻頰禮，一邊一個，跟著美言了幾句，然後將勳章——完全屬於我的勳章——別在我等待的胸膛上。接下來，輪到我對著麥克風講話。

用非母語的語言致詞，哪怕只是短短的一段，都是件苦差事。明明是完全了解且講過不知多少次的詞彙，突然忘個一乾二淨，而法語還多了一個圈套，就是詞彙的陰陽性。

大夥先行禮如儀一番，跟著便是好好交流，間或喝點葡萄酒的時候了。那是手機尚未對當面交談這件事大動干戈的美好舊時代，我再一次感受到法國人有多麼喜愛與人談天說地。我也再一次想起在某些小事上，法國人和英國人有多大的差別，好比說，喝酒。

英國人通常很尊敬他手中的酒，往往兩手捧著酒杯，端在身前。法國人絕不樂意如此，因為他需要騰出一手做手勢，比如說，敲敲鼻翼以加強語氣，捅一捅同伴的胸前，捏捏自己的二頭肌，拍拍肥幫子或抓抓頭髮。必須騰出一手才能做這些事，如此方有助於雙方得以順順當當地談話。看著五十多位活潑的法國人同時間談話，就好像觀看一堂服用了興奮劑的太極拳課程。

為了增添節慶氣氛，伊夫在村裡一家餐廳安排了慶祝晚宴，暮色四合時，我們前往窄街，去找自己的桌子。我們一行有十二人，包括兩三位美國友人、稀稀落落的幾位英國人、身為核心主幹的普羅旺斯人和兩位巴黎人，所有人皆興高采烈。伊夫警告我千萬別讓醬汁濺到我剛領到的勳章，除此以外，我依稀記得，大夥暢飲美酒，談笑風生地享用了一頓晚餐。

那是令人難忘的一天，我再一次慶幸我們決定搬來普羅旺斯。

後記

今與昔

夏天，我愛坐在咖啡館的露天座上，假裝在看報，其實在偷聽別人講話。每年這個時節，周遭多半是遊客，我想知道他們對普羅旺斯作何感想。這是既粗糙又極之不可靠的市場調查，不過我還是有一兩個有趣的發現。

截至目前為止，這些咖啡館會議最受歡迎的話題，是自他們前一年來訪的那古老美好年代以來，普羅旺斯有了什麼改變。舉例來說，咖啡的價格又上漲了，這會兒一杯居然要三歐元，真是無法無天。此說忽略了一件事，那就是你花的這三歐元，讓你得以坐在前排座位約半個小時，欣賞五光十色、饒富興味的村落生活樣貌在你眼前流動，這期間不會有人來糾纏你，不會有人想要多賣一杯咖啡給你，或告訴你有人在等你的桌子。有一兩回，我留意到有顧客坐在露天座的一角睡著了，他面前的啤酒一口也沒動，他就在那兒打著盹，無人打擾。

那些訪客說，不單只是咖啡漲價了。你有沒有看到房價？那些一份套餐只要十歐元的小館子到哪兒去了？還有，怎麼人潮這麼擁擠？我昨天到艾克斯，擠得簡直水洩不通，以前不是這樣的。

談話就這樣繼續下去，哀悼著一個較單純、較便宜也較不擁擠的世界，而這世界或曾存在於懷舊回憶中，也可能從不存在。這些懷舊的人不是忘了，就是忽略了世界各處都在變化，往往是變得更好。

在時代奔往二十一世紀的過程中，普羅旺斯幸而躲過最嚴重的衝擊，當然有新建樓房，那些鉛紅色的社區水泥住宅絲毫沒有普羅旺斯建築的魅力。還有，如果你下定決心，肯定能找到大麥克漢堡或大瓶可口可樂。形形色色的現代化事物不怕沒有，然而人們一來再來普羅旺斯，是基於其他理由，而這些大多數完全沒有改變。

頭一件未變的事物或許是氣候，一年當中有十個月陽光普照，間或有大雨如注，不過雨一停，天空便恢復那一片湛藍，如鑽石般晶瑩剔透的光芒照耀，使得所有精於畫藝的畫家都想拾起畫筆。

他們有很多題材可選，普羅旺斯有一部分為農地，種植葡萄、橄欖和甜瓜。有一部分是無人居住的荒野，還有一部分大剌剌地極盡裝飾之能事。一大片十英畝盛開的薰衣草田，是夏季盛美的風景。如果光欣賞大自然還不夠，有無數已有千百年歷史的村鎮，往往屹立於山頭，夏日時分，不乏喜愛藝術的訪客前來欣賞古村，他們伏在畫架前，擷取村中廣場、教堂和市集最後那一抹如詩如畫般的風情。游目四望，似乎總有什麼值得好好端詳一番。

可惜，這並不能消除那種拍了照就走的觀光風氣，這種旅遊方式能夠令假期變成一場耐力測驗。這些高速攝影師應該放輕鬆，效法難得慌忙的普羅旺斯鄉親。他們漫步而不奔跑，假如你看到有人疾行於村中街道，一邊看看手錶，對著手機講著什麼，他八成不是午餐遲到了，就是個巴黎人。在本地人看來，一天天的日子應該慢慢地過、好好地欣賞，且不時該中斷一下，去趟咖啡館。如果生活步調有評鑑制度，那麼普羅旺斯的成績當是「慢」。

慢慢來不是壞事，因為這麼一來你就什麼也不會錯過。當然，風景往往美得令人目不轉睛，不過也有若干人為的貢獻足與大自然比美，好比說，古羅馬的水道橋和圓形競技場、十二世紀的教堂、十五世紀的橋樑，還有我非常喜愛的法國第二大城馬賽。馬賽建於西元前六百年，從未停下腳步，每一個世紀都留下其個別的印記。有紫杉堡和十七世紀的老濟貧院，後者顯然是歷來最優美精緻的救濟院；還有堂皇華貴的守護聖母院，居高臨下，俯瞰城市，這座教堂的歷史可追溯至十二世紀。在馬賽逛一天，有如進行一場歷史的漫步。

既然是法國，那就一定要留時間給肚子。不同於法國北部較繁華之地，普羅旺斯在歷史上是貧窮地區。大夥銀根緊，都在家中吃飯，上館子用餐是相對近期才有的奢侈。以米其林星和全球聞名的大廚而論，普羅旺斯尚需加油，可是在昂蘇伊和盧瑪杭等村鎮，都可以簡單但好好地吃一頓，而且不會有常伴隨著美食而來的那一堆繁文褥節。

情況可能會改變，而廚房已有所變化，不過我希望並且相信，普羅旺斯生活中還是有很多事物會保持今日的樣貌。下面是四項我鍾愛的事物。

茴香酒

晚近，我偶然看到一項調查，法國人一天喝掉二千萬杯茴香酒，一年約莫是一億三千公升。其中有很大的一部分是在東南法喝的，走遍普羅旺斯，酒吧或咖啡館桌上沒有一兩杯茴香酒就在人的手邊，可說是少之又少的事。

在法國人氣如此之旺的酒飲，到了許多其他國家卻幾乎無人聽聞，此事每每令我感到意外。這是否表示，正如不少人所言，普羅旺斯的酒徒味蕾要比世上其他人的味蕾洗練成熟？抑或是，茴香酒有如冷卻劑，可以緩和普羅旺斯菜中有時因放太多蒜頭而造成的辛嗆味？

要解答這樣的疑問，幸而有我的普羅旺斯學私人榮譽教授。花利古樂先生幫助我了解本地生活中許多奇特有趣的事物，惠我良多。不久之前，我打電話給他，請他就茴香酒給我上一堂課。

我到咖啡館時，他已經坐在他的老位子上，蹙眉讀著《費加洛報》，我坐下，他把報紙推開。「希望你永遠也不要問我有關法國政客的事，」他說。他往椅背一靠，嘆了口氣，「這幫人真是的，眼下我們需要戴高樂，可是他人呢？好，今天的主題是什麼？」我拜託他給我上有關茴香酒的入門課，他聞言眼睛一亮，微笑頷首，請侍者過來。

「兩份茴香酒，不要冰塊。」跟著，他轉過頭來對我說，「首先，你必須學會正確的喝法：不加冰塊。加冰會讓味覺麻痺，而我想品嘗正在喝的滋味。」

侍者回來，將兩只細長的茴香酒杯放在桌上，一旁有只小水罐，水罐上滿布著凝結的水珠。花利古樂滿意地點點頭，「水罐如果在冒汗，就表示水溫冰得恰到好處。」他小心地將水倒進酒杯中，我們看著黃褐色的茴香酒逐漸變成乳黃色的混濁液體。「很好，這樣子就對了，就像給大男人喝的母奶。」

雖然我們喝的是號稱「**正宗馬賽茴香酒**」的「力加」（Ricard）茴香酒，但這四十五度酒精含量的酒一入口，並不會烈得教人身體為之震顫，較柔和的茴香味道在口腔中迸發，其滋味悅人多了。花利古樂歪著頭，眼睛直瞧著我，「你覺得怎麼樣？可比你那英國溫啤酒好多了吧？」

誠然。我告訴花利古樂，此酒如此順口易飲，很讓我意外。「那是茴香酒的小詭計，」他說，「你以為自己喝的是無害的茴香飲料，忘了杯中的力加酒精含量高於干邑白蘭地、伏特加和大多數威士忌。」他說完，又替我倆再各點了一杯。我從來沒有上過這麼好喝的課程。

普羅旺斯式計時

打從我們來到普羅旺斯，普羅旺斯因應時間要求的各式各樣方法，就讓我大開眼界，有時甚至感到困惑。日期和約會不被當成承諾，而是有可能發生的趣事，守時則絕非理所當然，午餐是例外。或許是歷史因素使然，普羅旺斯原本純粹是鄉下地方，自然比時鐘來得重要，積習難改，老藉口亦然。

這些年以來，我們聽過若干詳盡到不可思議的理由，用來解釋約會何以延遲或爽約，為何說好星期一早上九點卻變成星期二下午三點半。對方通常避免直截了當地道歉，說真的，不論是什麼事都要避免直截了當。藉口往往複雜，充斥著各種不相干的枝節還有細節。到頭來，你竟不由自主地為鉛管工人感到難過，因為他年邁的祖母使得他令你失望了；因為助手太笨手笨腳，油漆工的刷子壞掉了；電工則是腦子斷電，竟然帶了不對的材料設備來上工（永遠是供應商的錯）。

另一個複雜的狀況是，普羅旺斯如今人手一支的手機太不可靠。你要是問對方為何不事先打電話告知有狀況發生，對方就會跟你報告一堆小災小禍：家裡的狗兒弄壞了手機；手機從襯衫口袋滑落，掉進馬桶；誤將口袋中還有手機的褲子送去乾洗；因為開車時講手機，手機被查扣了。難得有哪裡的手機比普羅旺斯的多災多難啊。

然而，雖說爽約和耽擱多時帶來不便，我還是會懷念那些時刻。那些藉口是那麼獨具匠心，發明藉口的人又搬出那麼多的演技，凡此種種往往彌補它們對井然有序生活形成的破壞。三不五時，還是有一切如期進行的情況，每逢此時，你會覺得自己彷彿中了樂透。

法式滾球

雖然我前面寫過這項愉快的休閒運動，但是我想要再提它一提，因為這項運動有一點十分引人入勝，那就是鮮少有真正的高手，**任何人**都可以打出爛球，每個人卻都看得津津有味。對若干球員來說，法式滾球另一項引人之處是，少有運動比賽像滾球賽這樣，容許球員邊打球邊喝酒，有時甚至是鼓勵球員這麼做。「要一手打球，一手拿酒。」曾有人如此勸我。就算是改變滾球玩法的歷史轉折點也都在提醒世人，滾球在傳統上是應該要輕鬆進行的運動。

在二十世紀初以前，球員雖不必有多麼身手敏捷，但玩球時起碼得跑一跑。他們必須一手握著球，跑到離目標色球二十公尺的擲球線，藉以加大將球擲向色球時需要的動力。想當年有位樂諾瓦先生，朋友稱之為「黑仔」，他熱愛原始型態的滾球，後來不幸得了風濕，因為再也無法跑步，就再也無法打滾球。不過，他仍熱中看球，心底仍是位球員。

大多數下午，別人會為他在球場的一端擺一把椅子，讓他舒服地坐著看球。有一天，有位名為畢邱的好朋友加入，站在他的座椅旁，兩人決定來玩一場非正式的滾球。樂諾瓦坐在椅上擲球，畢邱站在他身邊擲，不過他並不向前跑，而是雙腳紮根在地上，原地不動。現代滾球於焉誕生，立刻打動所有上年紀的球員的心，他們都已經跑不動了。比賽紛紛辦了起來，俱樂部相繼成立，這項運動的名字被改成pétanque，如今已少有人玩舊型態的法式滾球了。

新式滾球不單是為了下場打球的人而舉辦，對我來說，它是精采微妙、賞心悅目的球戲。炎夏傍晚，暮色漸攏，立在場邊個把小時看比賽，聽鐵球的撞擊聲應合著傍晚的蟲鳴，偶爾有人擲得不好，便嘟嘟囔囔咒罵一句，一輪酒端來時大夥歡聲連連——這真是深得我心的觀賞性運動。

市集

要是超市令你疲勞，透明包裝膜讓你起疹子，沒有什麼能比到普羅旺斯市集待一個上午更有療癒效果。這些市集不分大小，都能夠讓你恢復對購物的信心——市集上賣的主要是食物，不過誰知道呢，你很可能不經意就看到名牌Laguiole刀、獵人襪、絲巾、草帽或那些一代代以來都支撐胸前的波霸粉紅色胸罩。

據說，普羅旺斯市集的歷史可推回至十二世紀，當時農夫和工匠每星期集結一次，販售自己生產或製造的東西，此一基本功能留存至今。不過當下市集的功能遠遠不僅限於供應實用物資，而已成為社交中心，經常有街頭藝人在這裡表演輕鬆娛興的音樂，市集和咖啡館更是村子裡交換八卦的總部。

市集的一天很早就揭開序幕，不到八點，攤位便已擺好，攤販彼此聊著天，一邊做最後整理，給展售的貨品畫龍點睛一番。在這一點上便可看出，市集和超市最顯著的差別在於，貨品沒有包裝。市集攤上陳列的農產是前一天才採收的——萵苣、桃子、櫻桃、葡萄，偶爾有超大的南瓜，還有剛下不久的雞蛋——所有農產都排得整整齊齊，到處都看不見品牌標籤或商標。逛市集的老手總是備好可以置放採購所得的器物，因為攤販所能提供給你、讓你裝東西的，充其量也就只有低調的牛皮紙袋。

穿梭在攤位間，會不期然看見人們三兩成群，神情快活又歡喜，這讓人有一種印象，這些人應該是多年未見的老友。他們談笑風生，間或講兩句悄悄話，在在令人難以相信，他們在村中同一條街上比鄰而居許多年了。然而，令人半信半疑的最新八卦就是有這種魔力，讓整群人都精神振奮。

你就這麼一路逛下去，經過香噴噴的乳酪貨車、賣著各色鮮魚的攤車和烘焙師傅的攤位，那裡有一條條長達六十公分的溫熱黑麵包，然後你來到更加洶湧的人潮邊上，那兒的人正在試吃市集上偶爾會出現的特色食品。

今年的新鮮事物是肥肝漢堡，根據早期報導，這是種新奇的體驗，絕對不容與漢堡家族的傳統成員混淆。它會不會風靡美國？會不會鼓舞更多精緻化的漢堡？我們有朝一日會不會看到魚子醬漢堡？

下午一點左右，市集紛紛收攤，收工了。一切到此畫下句點，且待下星期再會。菜籃中再一次裝滿美味的食物，腸胃將再一次得到款待。

我得走了，午餐在召喚我。

彼得·梅爾作品

PETER MAYLE

帶動全世界普羅旺斯熱潮！
開啟美好生活的第一本書！

山居歲月

我在普羅旺斯，美好的一年

一個浪跡紐約十五年的廣告人，
落腳南法小山村，開始了夢想中的第二人生。
從一棟兩百歲的美麗小屋開始，
在絕無冷場的四季變換與溫暖的人情中，
普羅旺斯的每一天，都讓他大呼美夢成真！

美景＋美食＋美酒＋美女
這本小說讓我們都醉了！

美酒犯罪

五三年的「拉菲」、
六一年的「拉圖」、
八三年的「瑪歌」……
當偵探與酒賊一拍即合，不打不相識，
這個案子要怎麼辦下去？

國家圖書館出版品預行編目資料

再見，山居歲月：我在普羅旺斯美好的25年 / 彼得・梅爾 著；韓良憶 譯--初版.--台北市：皇冠,
2019. 03
面；公分. --(皇冠叢書；第4745種)(CHOICE；320)
譯自：My Twenty-Five Years in Provence: Reflections on Then and Now
ISBN 978-957-33-3430-9(平裝)

1.遊記　2.法國普羅旺斯

742.89　　108001536

皇冠叢書第4745種
CHOICE 320

再見，山居歲月

我在普羅旺斯美好的25年

My Twenty-Five Years in Provence:
Reflections on Then and Now

作　　者—彼得・梅爾
譯　　者—韓良憶
發 行 人—平雲
出版發行—皇冠文化出版有限公司
台北市敦化北路120巷50號
電話◎02-27168888
郵撥帳號◎15261516號
皇冠出版社(香港)有限公司
香港上環文咸東街50號寶恒商業中心
23樓2301-3室
電話◎2529-1778　傳真◎2527-0904
總 編 輯—許婷婷
責任編輯—蔡承歡
美術設計—王瓊瑤
著作完成日期—2018年
初版一刷日期—2019年03月
初版二刷日期—2020年06月
法律顧問—王惠光律師
有著作權・翻印必究
如有破損或裝訂錯誤，請寄回本社更換
讀者服務傳真專線◎02-27150507
電腦編號◎375320
ISBN◎978-957-33-3430-9
Printed in Taiwan
本書定價◎新台幣300元/港幣100元